5ch00l
el colegio

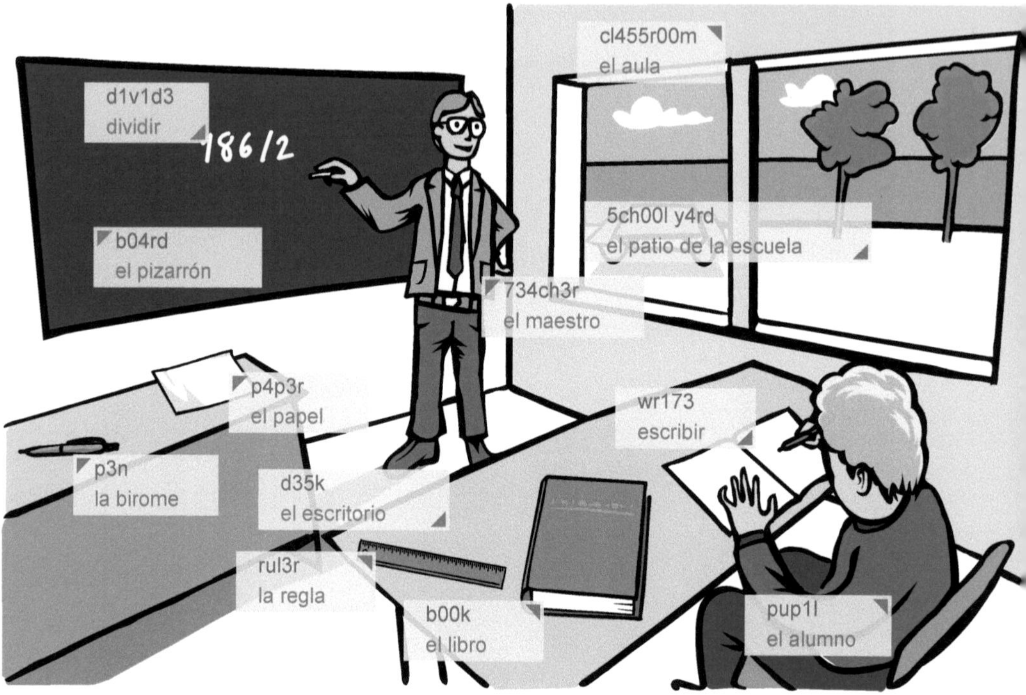

cl455r00m
el aula
d1v1d3
dividir
186/2
b04rd
el pizarrón
5ch00l y4rd
el patio de la escuela
734ch3r
el maestro
p4p3r
el papel
wr173
escribir
p3n
la birome
d35k
el escritorio
rul3r
la regla
b00k
el libro
pup1l
el alumno

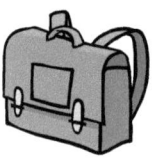

547ch3l
la mochila

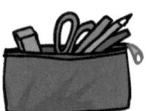

p3nc1l c453
la caja de lápices

p3nc1l
el lápiz

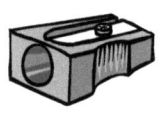

p3nc1l 5h4rp3n3r
el sacapuntas

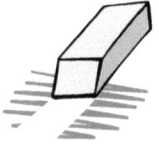

rubb3r
la goma (de borrar)

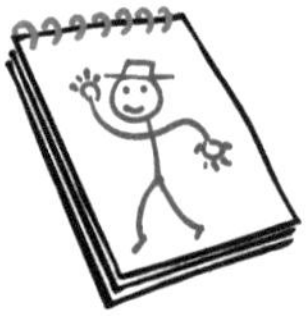

dr4w1n6 p4d
el bloc de dibujo

dr4w1n6
....
el dibujo

p41n7bru5h
....
el pincel

p41n7 b0x
....
la caja de pinturas

5c1550r5
....
la tijera

6lu3
....
el pegamento

3x3rc153 b00k
....
el cuaderno de ejercicios

h0m3w0rk
....
la tarea

numb3r
....
el número

4dd
....
sumar

5ub7r4c7
....
restar

mul71ply
....
multiplicar

c4lcul473
....
calcular

l3773r
....
la letra

4lph4b37
....
el abecedario

w0rd
....
la palabra

73x7

el texto

r34d

leer

ch4lk

la tiza

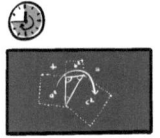

l3550n

la lección

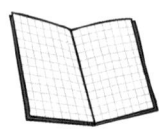

r361573r

el cuaderno de clase

3x4m1n4710n

el examen

c3r71f1c473

el certificado

5ch00l un1f0rm

el uniforme escolar

3duc4710n

la educación

3ncycl0p3d14

la enciclopedia

un1v3r517y

la universidad

m1cr05c0p3

el microscopio

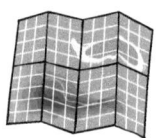

m4p

el mapa

w4573-p4p3r b45k37

el tacho (de basura)

7r4v3l
el viaje

Grand
h073l
el hotel
h0573l
el hostel
ROOMS
CHANGE
curr3ncy 3xch4n63 0ff1c3
la casa de cambio
5u17c453
la valija
c4r
el auto

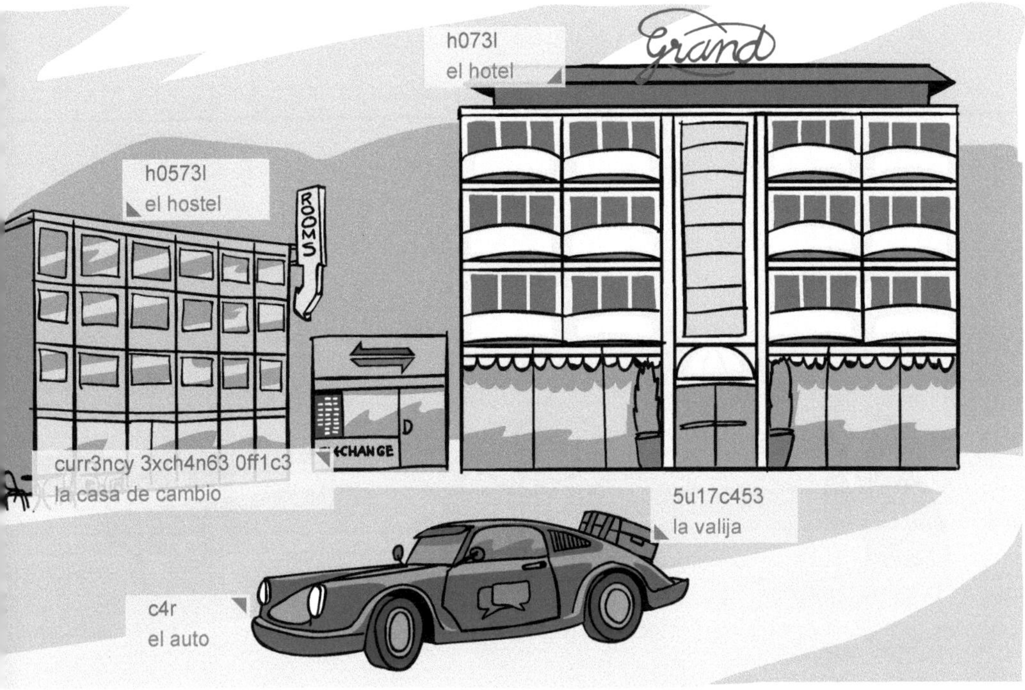

l4n6u463

el idioma

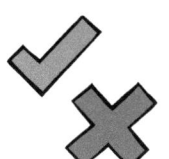

y35 / n0

sí / no

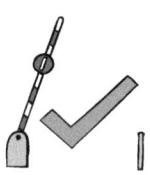

0k4y

Está bien

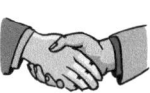

h3ll0

hola

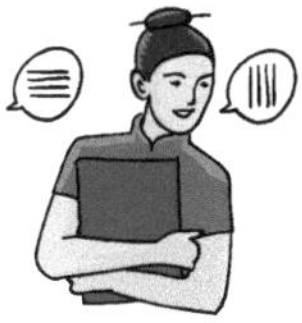

7r4n5l470r

el traductor

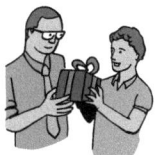

7h4nk y0u

Gracias

h0w much 15

¿cuánto cuesta…?

1 d0 n07 und3r574nd

No entiendo

pr0bl3m

el problema

600d 3v3n1n6!

¡Buenas tardes!

600d m0rn1n6!

¡Buenos días!

600d n16h7!

¡Buenas noches!

600dby3

el adiós

d1r3c710n

la dirección

lu66463

el equipaje

b46

el bolso

b4ckp4ck

la mochila

6u357

el invitado

r00m

la habitación

5l33p1n6 b46

la bolsa de dormir

73n7

la carpa

70ur157 1nf0rm4710n

la información turística

b34ch

la playa

cr3d17 c4rd

la tarjeta de crédito

br34kf457

el desayuno

lunch

el almuerzo

d1nn3r

la cena

71ck37

el pasaje

3l3v470r

el ascensor

574mp

el sello

b0rd3r

la frontera

cu570m5

la aduana

3mb455y

la embajada

v154

la visa

p455p0r7

el pasaporte

7r4n5p0r7

el transporte

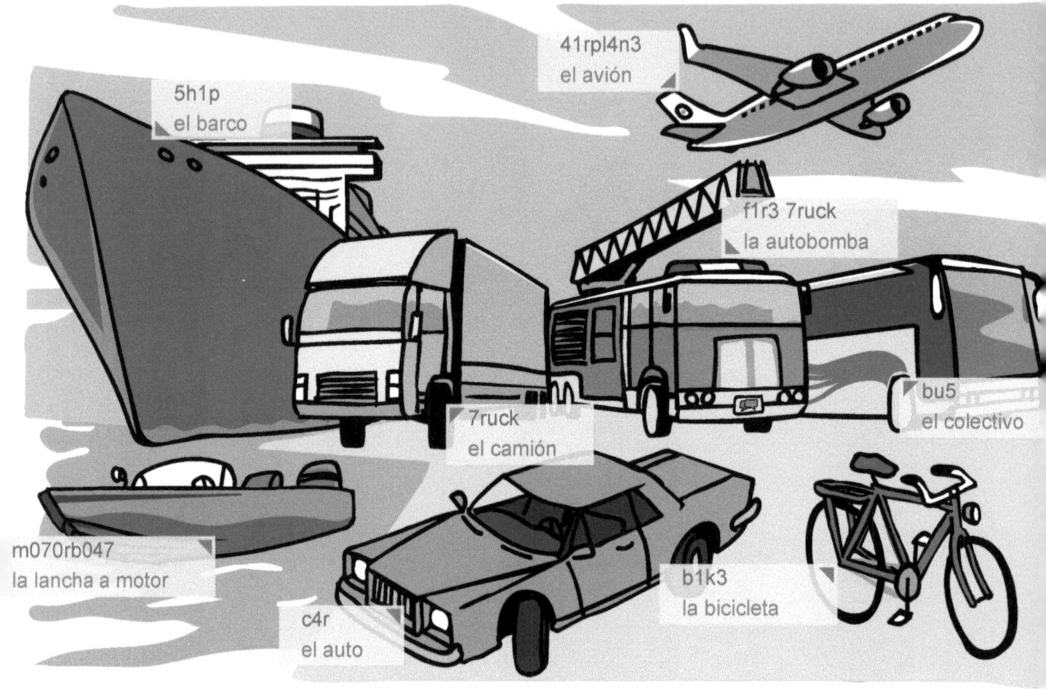

41rpl4n3
el avión
5h1p
el barco
f1r3 7ruck
la autobomba
bu5
el colectivo
7ruck
el camión
m070rb047
la lancha a motor
b1k3
la bicicleta
c4r
el auto

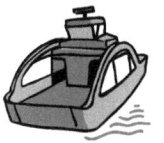

f3rry

el ferry

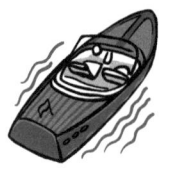

b047

el bote

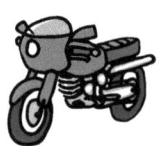

m070rb1k3

la moto

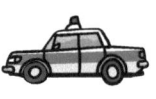

p0l1c3 c4r

el patrullero

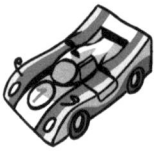

r4c1n6 c4r

el auto de carreras

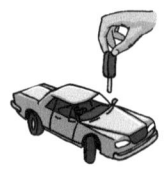

r3n74l c4r

el auto de alquiler

c4r 5h4r1n6

el alquiler de autos

70w 7ruck

la grúa

64rb463 7ruck

el camión de la basura

3n61n3

el motor

fu3l

la nafta

fu3l 574710n

la estación de servicio

7r4ff1c 516n

la señal de tránsito

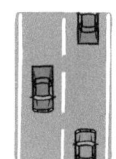

7r4ff1c

el tránsito

7r4ff1c j4m

el embotellamiento

p4rk1n6 l07

el estacionamiento

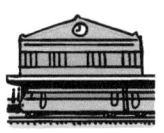

7r41n 574710n

la estación de tren

7r4ck5

las vías

7r41n

el tren

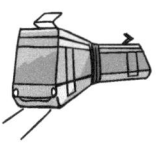

7r4m

el tranvía

w460n

el vagón

h3l1c0p73r

el helicóptero

41rp0r7

el aeropuerto

70w3r

la torre

p4553n63r

el pasajero

c0n741n3r

el contenedor

c4r70n

la caja de cartón

c4r7

la carretilla

b45k37

la canasta

74k3 0ff / l4nd

despegar / aterrizar

c17y

la ciudad

v1ll463

el pueblo

c17y c3n73r

el centro de la ciudad

h0u53

la casa

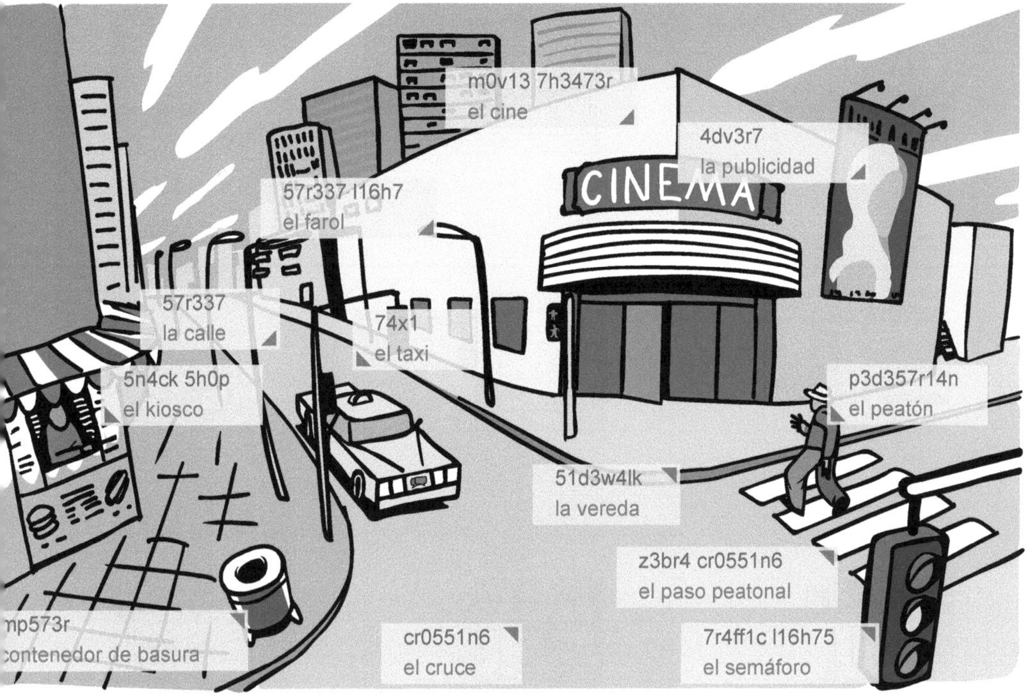

m0v13 7h3473r
el cine

4dv3r7
la publicidad

57r337 l16h7
el farol

CINEMA

57r337
la calle

74x1
el taxi

5n4ck 5h0p
el kiosco

p3d357r14n
el peatón

51d3w4lk
la vereda

z3br4 cr0551n6
el paso peatonal

np573r
contenedor de basura

cr0551n6
el cruce

7r4ff1c l16h75
el semáforo

hu7

la cabaña

4p4r7m3n7

el departamento

7r41n 574710n

la estación de tren

c17y h4ll

la municipalidad

mu53um

el museo

5ch00l

el colegio

un1v3r517y

la universidad

b4nk

el banco

h05p174l

el hospital

h073l

el hotel

ph4rm4cy

la farmacia

0ff1c3

la oficina

b00k 5h0p

la librería

5h0p

el negocio

fl0w3r 5h0p

la florería

5up3rm4rk37

el supermercado

m4rk37

el mercado

d3p4r7m3n7 570r3

las grandes tiendas

f15hm0n63r'5 5h0p

la pescadería

m4ll

el centro comercial

h4rb0r

el puerto

p4rk

el parque

b3nch

el banco

br1d63

el puente

5741r5

las escaleras

5ubw4y

el subte

7unn3l

el túnel

bu5 570p

la parada del colectivo

b4r

el bar

r3574ur4n7

el restaurante

p057b0x

el buzón

57r337 516n

el letrero

p4rk1n6 m373r

el parquímetro

z00

el zoológico

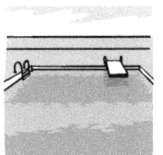

5w1mm1n6 p00l

la pileta

m05qu3

la mezquita

f4rm
la granja

p0llu710n
la contaminación

c3m373ry
el cementerio

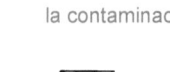

church
la iglesia

pl4y6r0und
los juegos infantiles

73mpl3
el templo

l4nd5c4p3
el paisaje

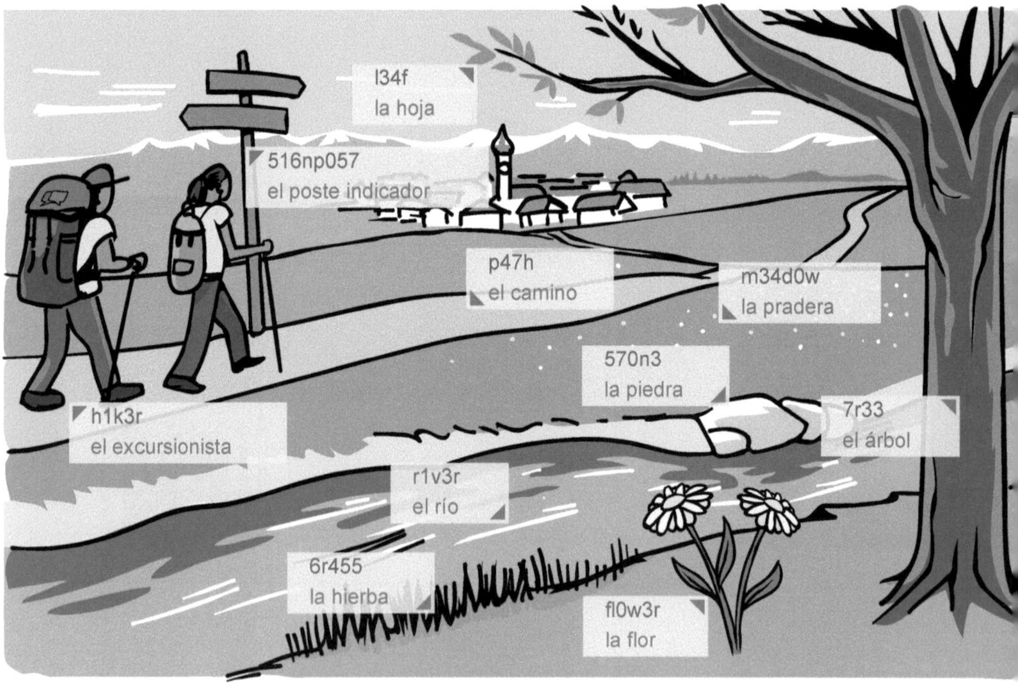

l34f
la hoja

516np057
el poste indicador

p47h
el camino

m34d0w
la pradera

570n3
la piedra

7r33
el árbol

h1k3r
el excursionista

r1v3r
el río

6r455
la hierba

fl0w3r
la flor

v4ll3y
....
el valle

h1ll
....
la montaña

l4k3
....
el lago

f0r357
....
el bosque

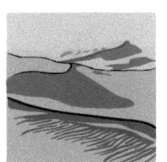

d353r7
....
el desierto

v0lc4n0
....
el volcán

c457l3
....
el castillo

r41nb0w
....
el arco iris

mu5hr00m
....
el champiñón

p4lm 7r33
....
la palmera

m05qu170
....
el mosquito

fly
....
la mosca

4n7
....
la hormiga

b33
....
la abeja

5p1d3r
....
la araña

b337l3

el escarabajo

fr06

la rana

5qu1rr3l

la ardilla

h3d63h06

el erizo

h4r3

la liebre

0wl

la lechuza

b1rd

el pájaro

5w4n

el cisne

b04r

el jabalí

d33r

el ciervo

m0053

el alce

d4m

la presa

w1nd 7urb1n3

el aerogenerador

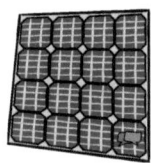

50l4r p4n3l

el panel solar

cl1m473

el clima

r3574ur4n7
el restaurante

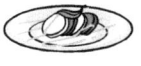

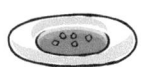

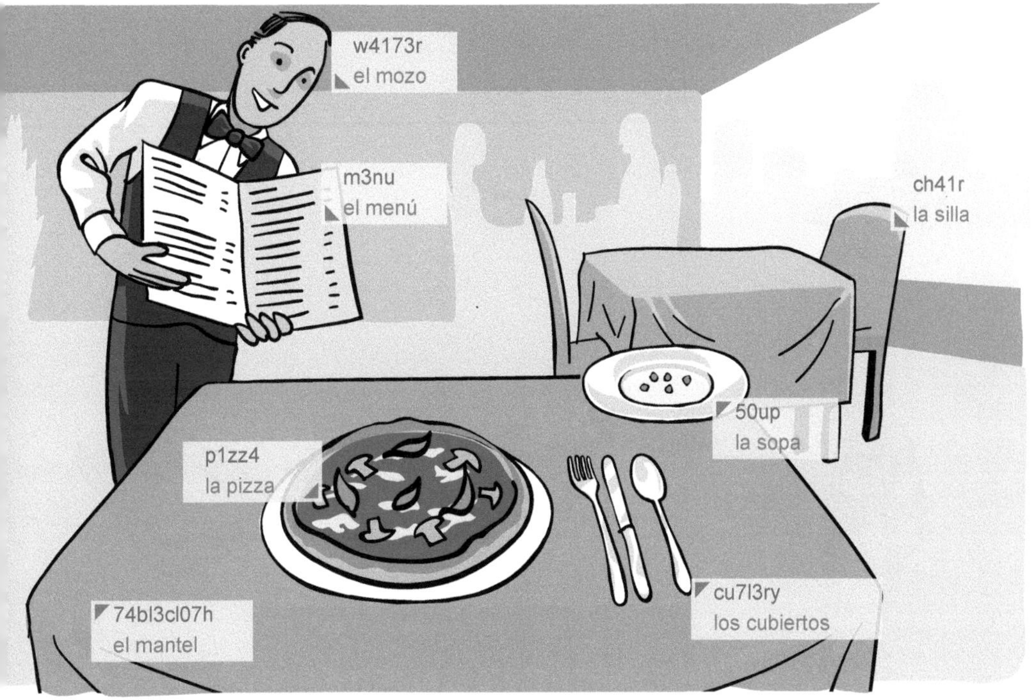
w4173r
el mozo
m3nu
el menú
ch41r
la silla
50up
la sopa
p1zz4
la pizza
cu7l3ry
los cubiertos
74bl3cl07h
el mantel

574r73r
la entrada

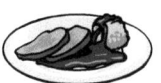

m41n c0ur53
el plato principal

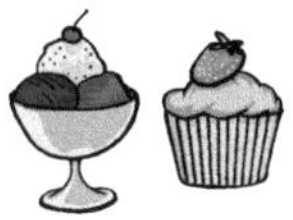

d3553r7
el postre

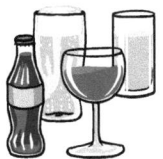

dr1nk5
las bebidas

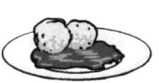

f00d
la comida

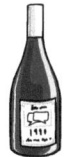

b077l3
la botella

f457 f00d

la comida rápida

57r337 f00d

la comida callejera

734p07

la tetera

5u64r b0wl

la azucarera

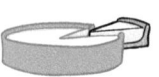

p0r710n

la porción

35pr3550 m4ch1n3

la cafetera expreso

h16h ch41r

la sillita alta

b1ll

la cuenta

7r4y

la bandeja

kn1f3

el cuchillo

f0rk

el tenedor

5p00n

la cuchara

7345p00n

la cucharita

53rv13773

la servilleta

6l455

el vaso

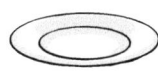

pl473

el plato

50up pl473

el plato hondo

54uc3r

el plato

54uc3

la salsa

54l7 5h4k3r

el salero

p3pp3r m1ll

el molinillo de pimienta

v1n364r

el vinagre

01l

el aceite

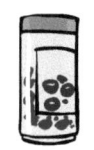

5p1c35

las especias

k37chup

el kétchup

mu574rd

la mostaza

m4y0nn4153

la mayonesa

5up3rm4rk37
el supermercado

5p3c14l 0ff3r
la oferta especial
FOR
cu570m3r
el cliente
d41ry pr0duc75
los lácteos
fru17
la fruta
5h0pp1n6 c4r7
el changuito

BUTCHERS

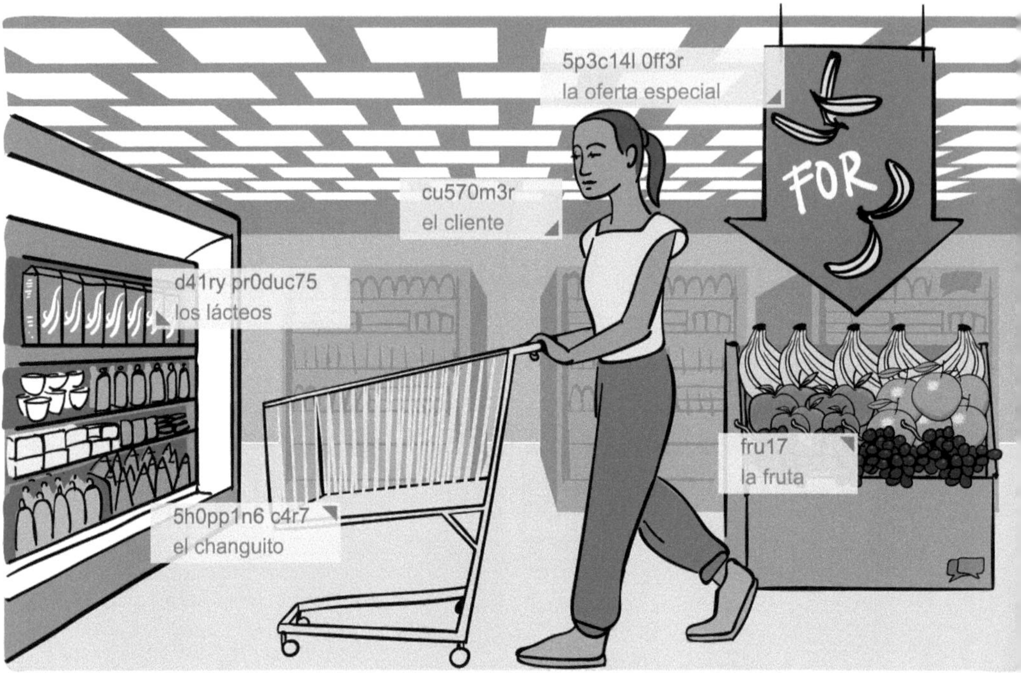

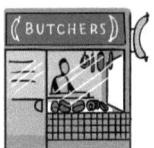

bu7ch3r'5 5h0p

la carnicería

BAKERY

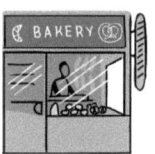

b4k3ry

la panadería

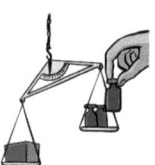

w316h

pesar

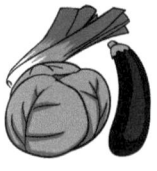

v36374bl35

las verduras

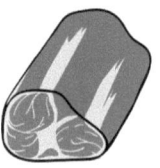

m347

la carne

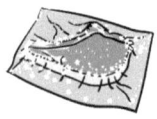

fr0z3n f00d

los alimentos congelados

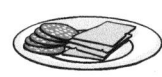

c0ld cu75

los fiambres

c4nn3d f00d

los alimentos enlatados

d373r63n7

el detergente en polvo

c4ndy

las golosinas

h0u53h0ld pr0duc75

los electrodomésticos

cl34n1n6 pr0duc75

los productos de limpieza

54l35 r3pr353n7471v3

la vendedora

c45h r361573r

la caja

c45h13r

el cajero

5h0pp1n6 l157

la lista de compras

0p3n1n6 h0ur5

el horario de atención

w4ll37

la billetera

cr3d17 c4rd

la tarjeta de crédito

b46

la cartera

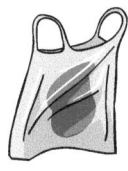

pl4571c b46

la bolsa de plástico

w473r

el agua

ju1c3

el jugo

m1lk

la leche

c0k3

la bebida cola

w1n3

el vino

b33r

la cerveza

4lc0h0l

el alcohol

c0c04

el cacao

734

el té

c0ff33

el café

35pr3550

el café expreso

c4ppucc1n0

el cappuccino

b4n4n4

la banana

4ppl3

la manzana

0r4n63

la naranja

m3l0n

el melón

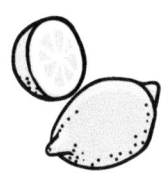

l3m0n

el limón

c4rr07

la zanahoria

64rl1c

el ajo

b4mb00

el bambú

0n10n

la cebolla

mu5hr00m

el champiñón

nu75

las nueces

n00dl35

los fideos

5p46h3771

los tallarines

r1c3

el arroz

54l4d

la ensalada

fr135

las papas fritas

fr13d p0747035

las papas fritas

p1zz4

la pizza

h4mbur63r

la hamburguesa

54ndw1ch

el sándwich

35c4l0p3

el churrasco

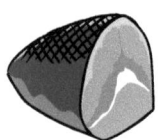

h4m

el jamón

54l4m1

el salame

54u5463

la salchicha

ch1ck3n

el pollo

r0457

el asado

f15h

el pescado

p0rr1d63 0475
....
los copos de avena

mu35l1
....
el muesli

c0rnfl4k35
....
los copos de maíz

fl0ur
....
la harina

cr01554n7
....
la medialuna

br34d r0ll
....
el pancito

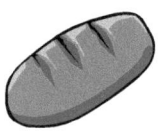

br34d
....
el pan

70457
....
la tostada

c00k135
....
las galletitas

bu773r
....
la manteca

curd
....
la cuajada

c4k3
....
la torta

366
....
el huevo

fr13d 366
....
el huevo frito

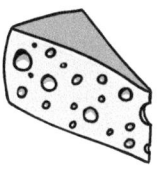

ch3353
....
el queso

1c3 cr34m

el helado

5u64r

el azúcar

h0n3y

la miel

j3lly

la mermelada

n0u647 cr34m

la pasta de chocolate

curry

el curry

f4rm

la granja

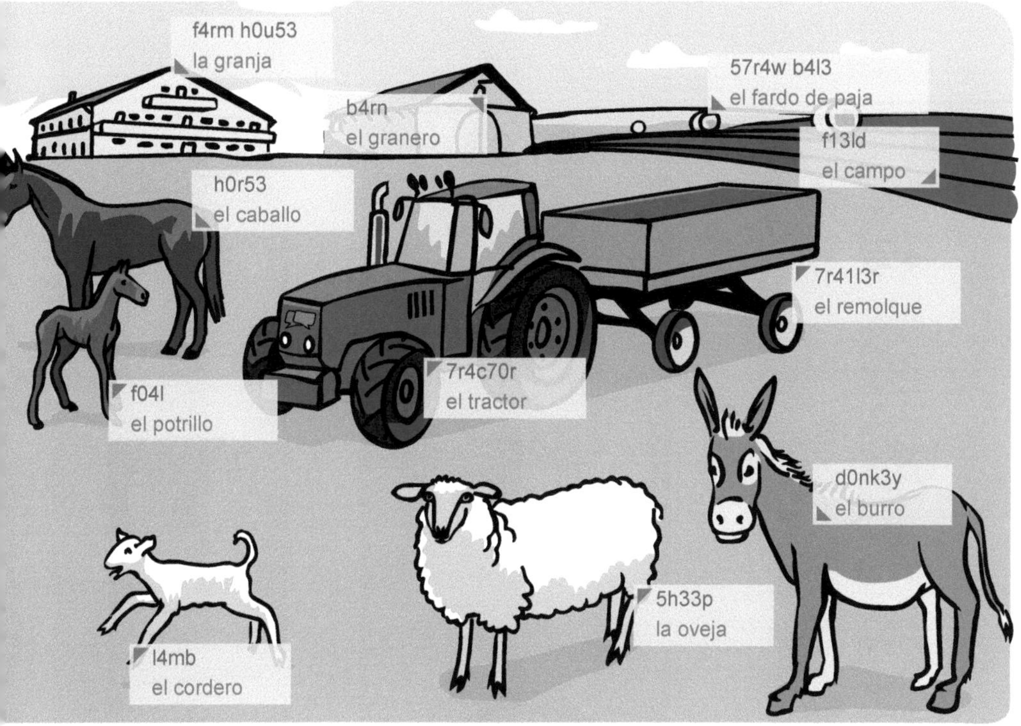

f4rm h0u53
la granja
b4rn
el granero
57r4w b4l3
el fardo de paja
f13ld
el campo
h0r53
el caballo
7r41l3r
el remolque
7r4c70r
el tractor
f04l
el potrillo
d0nk3y
el burro
5h33p
la oveja
l4mb
el cordero

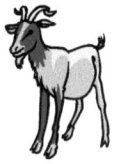

6047
....
la cabra

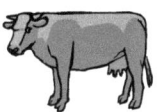

c0w
....
la vaca

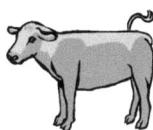

c4lf
....
el ternero

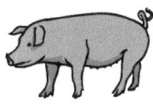

p16
....
el cerdo

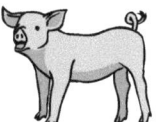

p16l37
....
el lechón

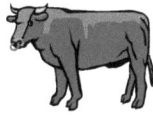

bull
....
el toro

60053

el ganso

duck

el pato

ch1ck

el pollo

h3n

la gallina

c0ck3r3l

el gallo

r47

la rata

c47

el gato

m0u53

el ratón

0x

el buey

d06

el perro

d06 h0u53

la cucha

64rd3n h053

la manguera

w473r1n6 c4n

la regadera

5cy7h3

la guadaña

pl0u6h

el arado

51ckl3

la hoz

h03

la azada

p17chf0rk

la horquilla

4x3

el hacha

pu5hc4r7

la carretilla

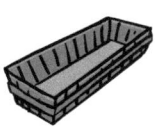

7r0u6h

el abrevadero

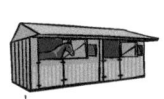

m1lk c4n

la lechera

54ck

la bolsa

f3nc3

la reja

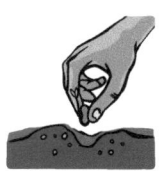

574bl3

el establo

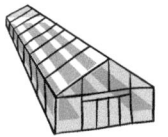

6r33nh0u53

el invernadero

501l

el suelo

533d

la semilla

f3r71l1z3r

el fertilizador

c0mb1n3 h4rv3573r

la cosechadora

h4rv357

cosechar

h4rv357

la cosecha

y4m5

las batatas

wh347

el trigo

50y4

la soja

p07470

la papa

c0rn

el maíz

r4p3533d

la semilla de colza

fru17 7r33

el árbol frutal

m4n10c

la mandioca

6r41n

los cereales

h0u53

la casa

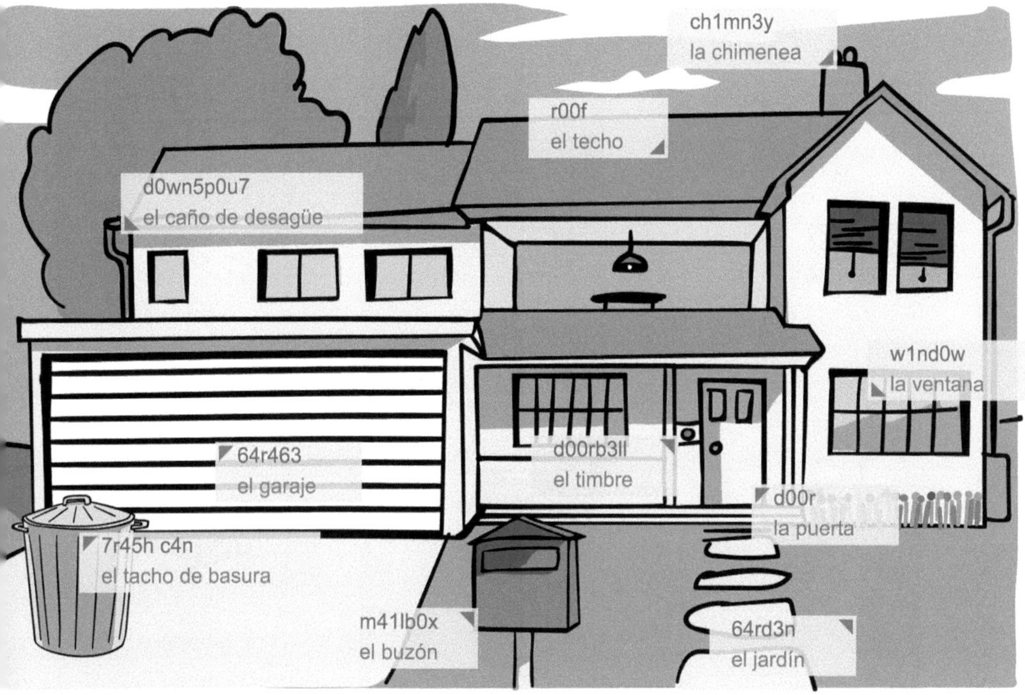

ch1mn3y
la chimenea
r00f
el techo
d0wn5p0u7
el caño de desagüe
w1nd0w
la ventana
64r463
el garaje
d00rb3ll
el timbre
d00r
la puerta
7r45h c4n
el tacho de basura
m41lb0x
el buzón
64rd3n
el jardín

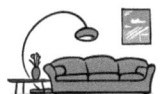

l1v1n6 r00m

el living

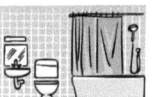

b47hr00m

el baño

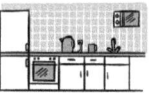

k17ch3n

la cocina

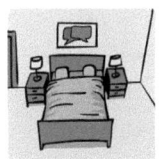

b3dr00m

el dormitorio

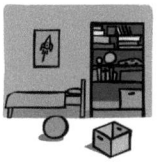

ch1ld'5 r00m

el cuarto de los chicos

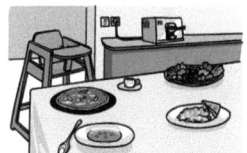

d1n1n6 r00m

el comedor

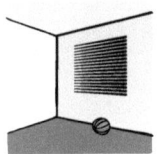

fl00r
....
el piso

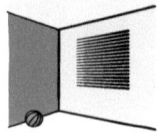

w4ll
....
la pared

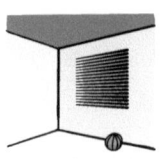

c31l1n6
....
el cielorraso

c3ll4r
....
el sótano

54un4
....
el sauna

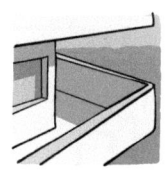

b4lc0ny
....
el balcón

73rr4c3
....
la terraza

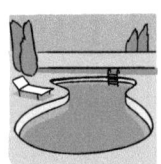

p00l
....
la pileta

l4wn m0w3r
....
la cortadora de pasto

5h337
....
la sábana

b3d5pr34d
....
el acolchado

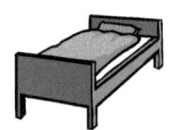

b3d
....
la cama

br00m
....
la escoba

buck37
....
el balde

5w17ch
....
el interruptor

l1v1n6 r00m
el living

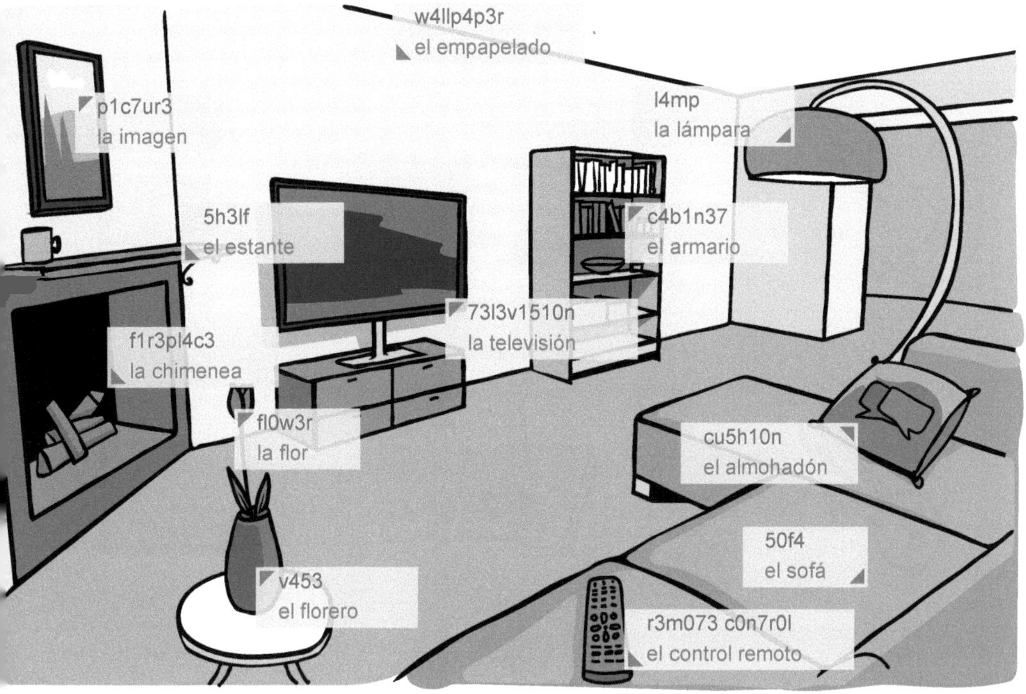

w4llp4p3r
el empapelado
p1c7ur3
la imagen
l4mp
la lámpara
5h3lf
el estante
c4b1n37
el armario
73l3v1510n
la televisión
f1r3pl4c3
la chimenea
fl0w3r
la flor
cu5h10n
el almohadón
50f4
el sofá
v453
el florero
r3m073 c0n7r0l
el control remoto

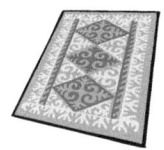

c4rp37

la alfombra

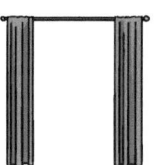

dr4p3

la cortina

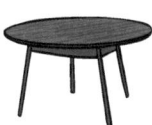

74bl3

la mesa

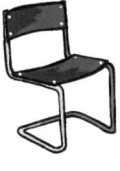

ch41r

la silla

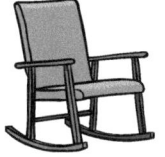

r0ck1n6 ch41r

la mecedora

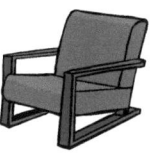

4rmch41r

el sillón

b00k

el libro

bl4nk37

la frazada

d3c0r4710n

la decoración

f1r3w00d

la leña

f1lm

la película

573r30 5y573m

el equipo de música

k3y

la llave

n3w5p4p3r

el diario

p41n71n6

la pintura

p0573r

el póster

r4d10

la radio

n073b00k

el cuaderno

v4cuum cl34n3r

la aspiradora

c4c7u5

el cactus

c4ndl3

la vela

k17ch3n
la cocina

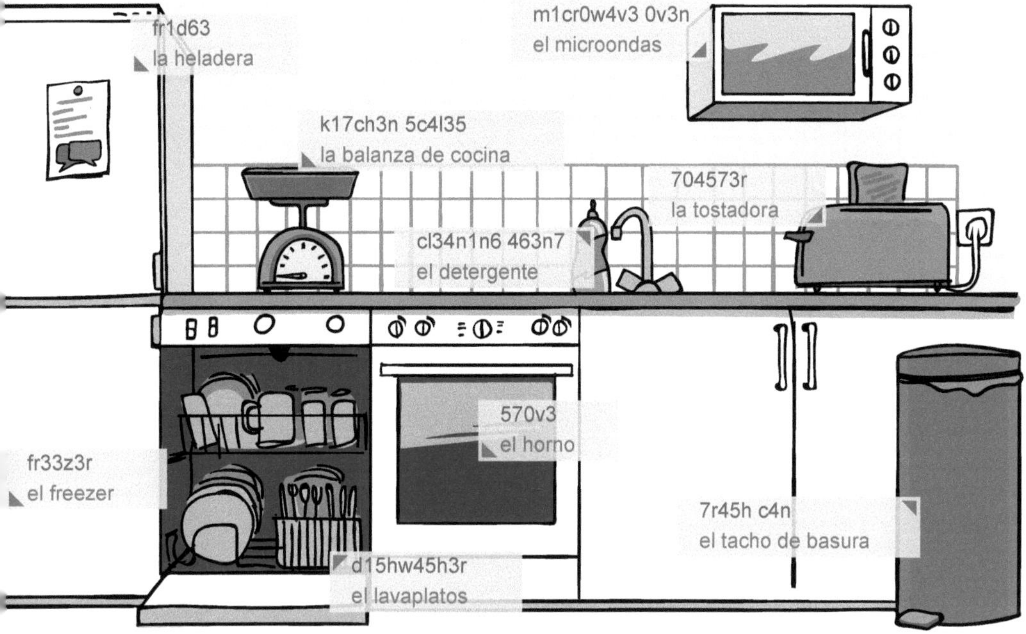
m1crOw4v3 Ov3n
el microondas
fr1d63
la heladera
k17ch3n 5c4l35
la balanza de cocina
704573r
la tostadora
cl34n1n6 463n7
el detergente
570v3
el horno
fr33z3r
el freezer
7r45h c4n
el tacho de basura
d15hw45h3r
el lavaplatos

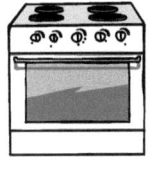

c00k3r

la cocina

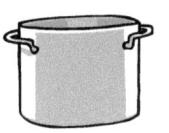

p07

la olla

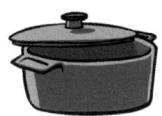

c457-1r0n p07

la olla de hierro fundido

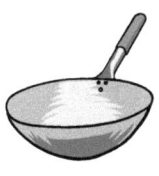

w0k / k4d41

el wok

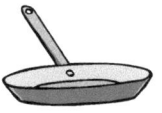

p4n

la sartén

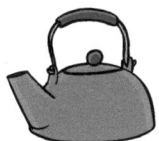

k377l3

la pava

5734m3r

la vaporera

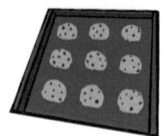

b4k1n6 7r4y

la bandeja de horno

cr0ck3ry

la vajilla

mu6

la taza

b0wl

el bol

ch0p571ck5

los palitos

l4dl3

el cucharón

5p47ul4

la espátula

wh15k

la batidora

57r41n3r

el colador

513v3

el colador

6r473r

el rallador

m0r74r

el mortero

b4rb3cu3

la parrilla

f1r3pl4c3

la fogata

ch0pp1n6 b04rd

la tabla de picar

r0ll1n6 p1n

el palo de amasar

c0rk5cr3w

el sacacorchos

c4n

la lata

c4n 0p3n3r

el abrelatas

0v3n cl07h

la manopla

51nk

la pileta

bru5h

el cepillo

5p0n63

la esponja

bl3nd3r

la batidora

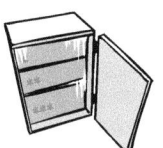

d33p fr33z3r

el congelador

b4by b077l3

la mamadera

74p

la canilla

b47hr00m

el baño

h3471n6
la calefacción
70w3l
la toalla
5h0w3r
la ducha
5h0w3r cur741n
la cortina de la ducha
bubbl3 b47h
el baño de espuma
b47h7ub
la bañadera
6l455
el vaso
w45h1n6 m4ch1n3
el lavarropas
74p
la canilla
71l35
las baldosas
p077y
la pelela
51nk
la pileta

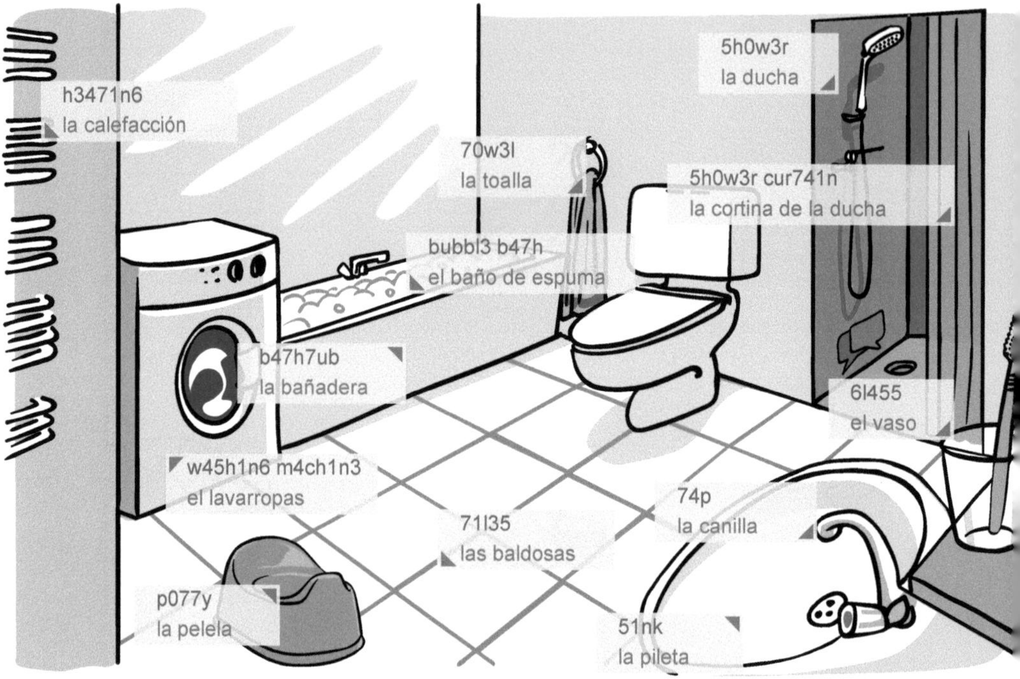

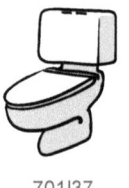

701l37

el inodoro

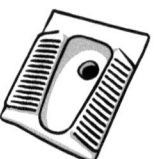

5qu47 701l37

la letrina

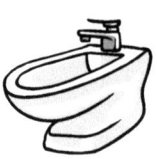

b1d37

el bidé

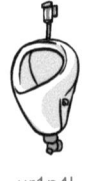

ur1n4l

el mingitorio

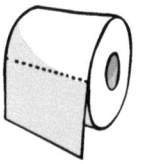

701l37 p4p3r

el papel higiénico

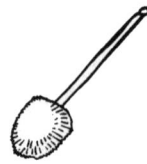

701l37 bru5h

el cepillo para el inodoro

7007hbru5h

el cepillo de dientes

7007hp4573

el dentífrico

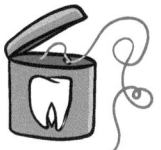

d3n74l fl055

el hilo dental

w45h

lavar

h4nd 5h0w3r

la ducha de mano

d0uch3

la ducha higiénica

b451n

la palangana

b4ck bru5h

el cepillo para la espalda

504p

el jabón

5h0w3r 63l

el gel de ducha

5h4mp00

el shampoo

fl4nn3l

la toallita

dr41n

el desagüe

cr3m3

la crema

d30d0r4n7

el desodorante

m1rr0r

el espejo

h4nd m1rr0r

el espejito

r4z0r

la maquinita de afeitar

5h4v1n6 f04m

la espuma de afeitar

4f73r5h4v3

el aftershave

c0mb

el peine

bru5h

el cepillo

h41r-dry3r

el secador de pelo

h41r5pr4y

el spray

m4k3up

el maquillaje

l1p571ck

el lápiz de labios

n41l v4rn15h

el esmalte para uñas

c0770n w00l

el algodón

n41l 5c1550r5

la tijera para uñas

p3rfum3

el perfume

w45hb46
···············
el portacosméticos

5700l
···············
la banqueta

w316h1n6 5c4l35
···············
la balanza

b47hr0b3
···············
la bata

rubb3r 6l0v35
···············
los guantes de goma

74mp0n
···············
el tampón

54n174ry 70w3l
···············
la toallita femenina

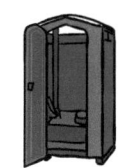

ch3m1c4l 701l37
···············
el baño químico

ch1ld'5 r00m

el cuarto de los chicos

4l4rm cl0ck
el despertador
cuddly 70y
el peluche
70y c4r
el coche de juguete
r477l3
el sonajero
d0ll'5 h0u53
la casa de muñecas
pr353n7
el regalo

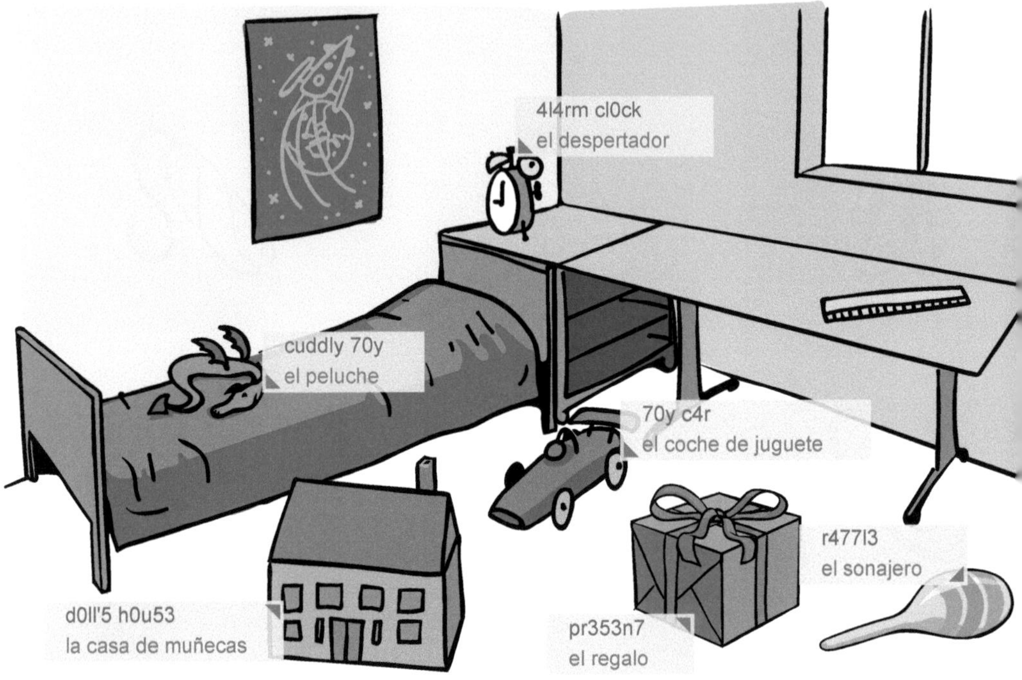

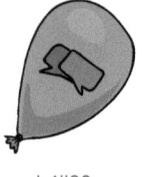

b4ll00n

el globo

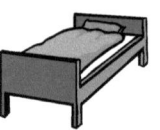

b3d

la cama

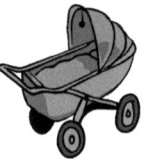

57r0ll3r

el cochecito

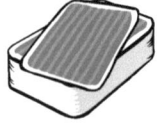

d3ck 0f c4rd5

las cartas

j1654w

el rompecabezas

SUPER MEGA

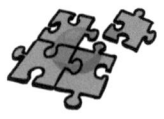

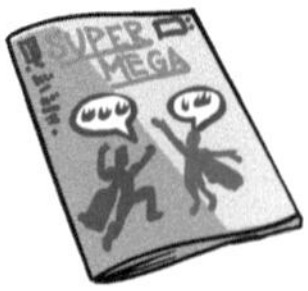

c0m1c

la historieta

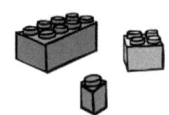

l360 br1ck5

las piezas de lego

70y bl0ck5

los ladrillos de juguete

4c710n f16ur3

la figura de acción

r0mp3r 5u17

el enterito (de bebé)

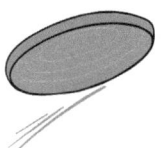

fr15b33

el frisbee

m0b1l3

el móvil para bebés

b04rd 64m3

el juego de mesa

d1c3

los dados

m0d3l 7r41n 537

el tren eléctrico

dummy

el chupete

p4r7y

la fiesta

p1c7ur3 b00k

el libro de cuentos ilustrado

b4ll

la pelota

dOll

la muñeca

pl4y

jugar

54ndp17

el arenero

5w1n6

la hamaca

70y

los juguetes

v1d30 64m3 c0n50l3

la consola de videojuegos

7r1cycl3

el triciclo

73ddy b34r

el osito de peluche

w4rdr0b3

el armario

cl07h1n6

la ropa

50ck5

las medias

570ck1n65

las medias panty

716h75

las calzas

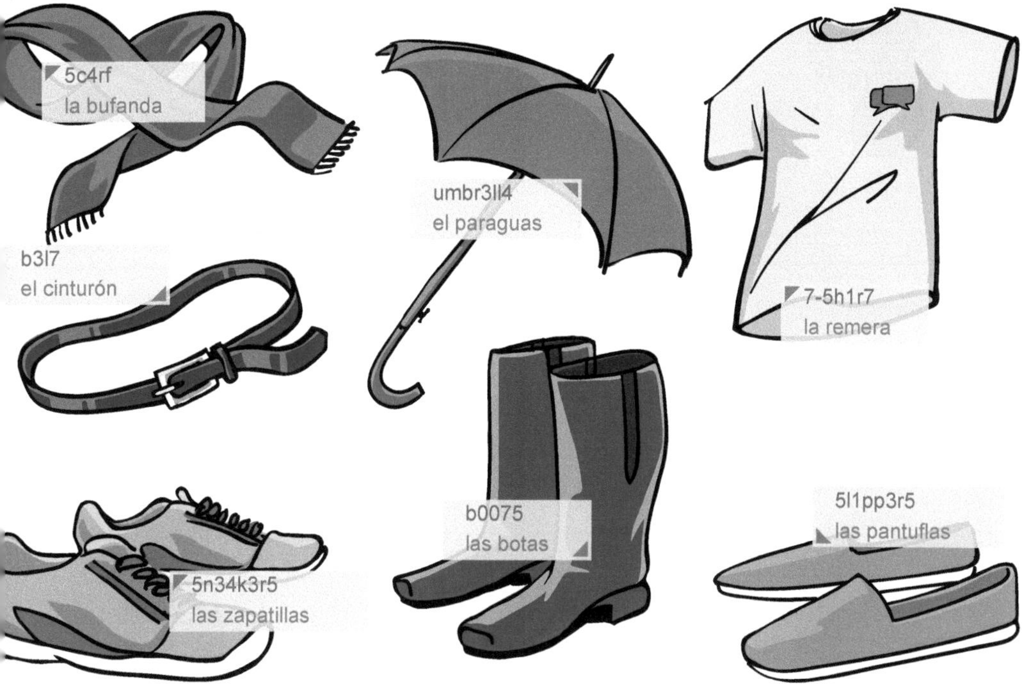

5c4rf
la bufanda

umbr3ll4
el paraguas

7-5h1r7
la remera

b3l7
el cinturón

5n34k3r5
las zapatillas

b0075
las botas

5l1pp3r5
las pantuflas

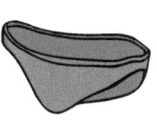

54nd4l5

las sandalias

5h035

los zapatos

rubb3r b0075

las botas de goma

br13f5

la ropa interior

br4

el corpiño

und3r5h1r7

el chaleco

b0dy
....
el body

p4n75
....
los pantalones

j34n5
....
los jeans

5k1r7
....
la pollera

bl0u53
....
la blusa

5h1r7
....
la camisa

pull0v3r
....
el pulóver

5w3473r
....
el buzo

bl4z3r
....
el blazer

j4ck37
....
la campera

c047
....
el tapado

r41nc047
....
el piloto

c057um3
....
el traje

dr355
....
el vestido

w3dd1n6 dr355
....
el vestido de novia

5u17

el traje

n16h760wn

el camisón

p4j4m45

el pijama

54r1

el sari

h34d5c4rf

el pañuelo para la cabeza

7urb4n

el turbante

burk4

la burka

k4f74n

el caftán

4b4y4

la abaya

5w1m5u17

el traje de baño

7runk5

el short de baño

5h0r75

los shorts

7r4ck5u17

el jogging

4pr0n

el delantal

6l0v35

los guantes

bu770n

el botón

6l45535

los anteojos

br4c3l37

la pulsera

n3ckl4c3

el collar

r1n6

el anillo

34rr1n6

el aro

c4p

la gorra

c047 h4n63r

la percha

h47

el sombrero

713

la corbata

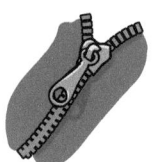

z1p

el cierre

h3lm37

el casco

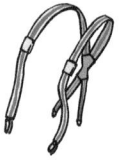

br4c35

los tiradores

5ch00l un1f0rm

el uniforme escolar

un1f0rm

el uniforme

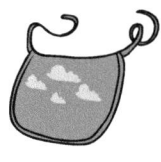

b1b

el babero

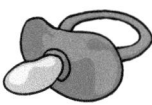

dummy

el chupete

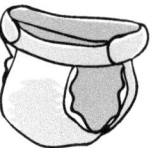

d14p3r

el pañal

0ff1c3

la oficina

53rv3r
el servidor
f1l1n6 c4b1n37
el archivero
pr1n73r
la impresora
p4p3r
el papel
m0n170r
el monitor
m0u53
el mouse
d35k
el escritorio
f0ld3r
la carpeta
k3yb04rd
el teclado
w4573-p4p3r b45k37
el tacho (de basura)
c0mpu73r
la computadora
ch41r
la silla

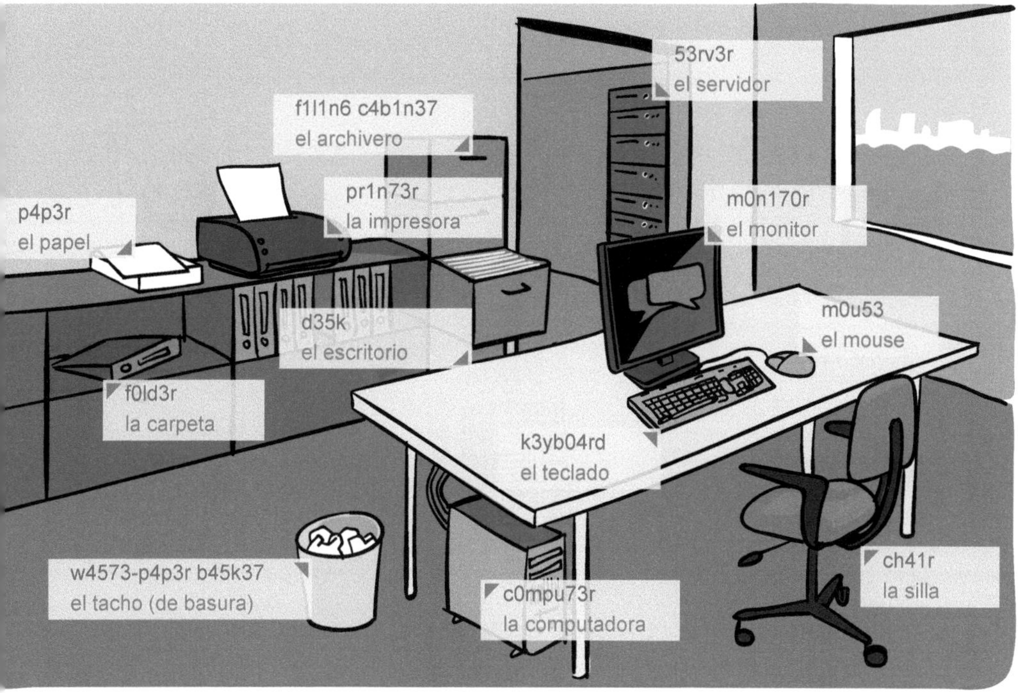

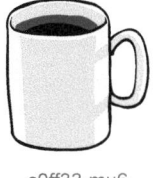

c0ff33 mu6

la taza de café

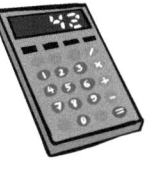

c4lcul470r

la calculadora

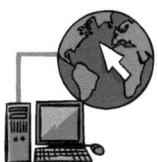

1n73rn37

el internet

l4p70p

la laptop

l3773r

la carta

m355463

el mensaje

c3ll ph0n3

el celular

n37w0rk

la red

ph070c0p13r

la fotocopiadora

50f7w4r3

el software

73l3ph0n3

el teléfono

plu6 50ck37

el tomacorriente

f4x m4ch1n3

el fax

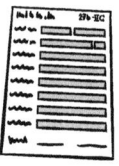

f0rm

el formulario

d0cum3n7

el documento

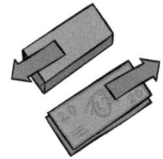

buy

comprar

p4y

pagar

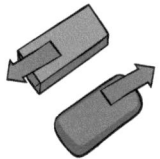

7r4d3

hacer negocios

m0n3y

el dinero

d0ll4r

el dólar

3ur0

el euro

y3n

el yen

r0ubl3

el rublo

5w155 fr4nc

el franco suizo

r3nm1nb1 yu4n

el yuan

rup33

la rupia

c45h p01n7

el cajero automático

curr3ncy 3xch4n63 0ff1c3

la casa de cambio

60ld

el oro

51lv3r

la plata

01l

el petróleo

3n3r6y

la energía

pr1c3

el precio

c0n7r4c7

el contrato

74x

el impuesto

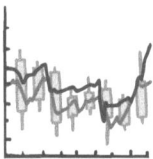

570ck

la acción

w0rk

trabajar

3mpl0y33

el empleado

3mpl0y3r

el empleador

f4c70ry

la fábrica

5h0p

el negocio

0ccup4710n5
las ocupaciones

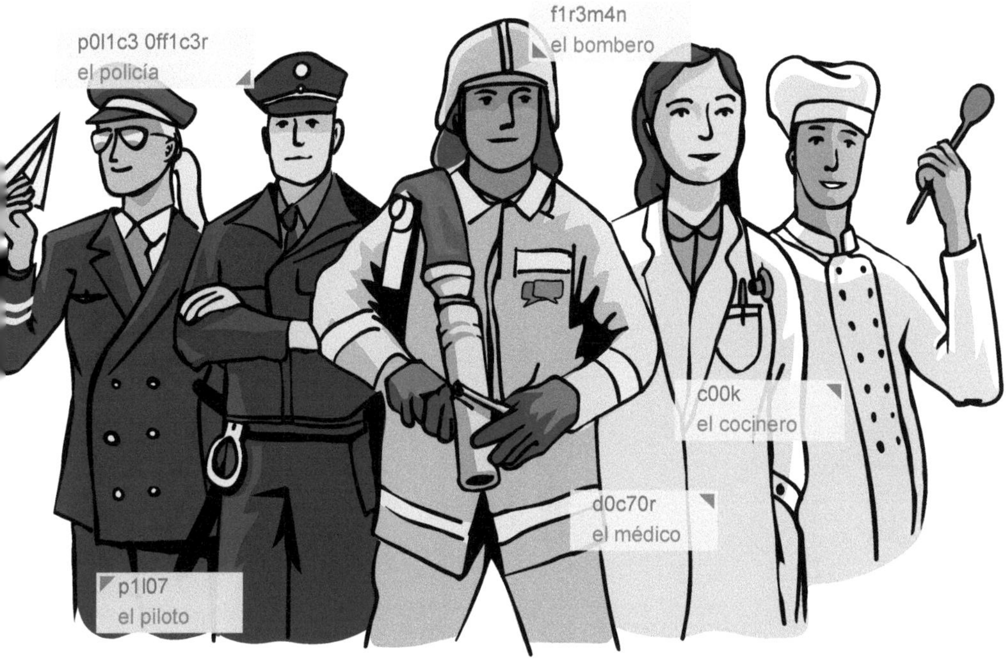

p0l1c3 0ff1c3r
el policía
f1r3m4n
el bombero
c00k
el cocinero
d0c70r
el médico
p1l07
el piloto

64rd3n3r

el jardinero

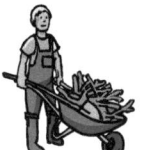

c4rp3n73r

el carpintero

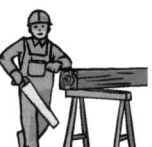

534m57r355

la modista

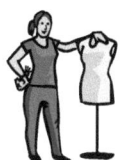

jud63

el juez

ch3m157

el farmacéutico

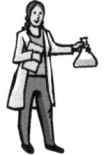

4c70r

el actor

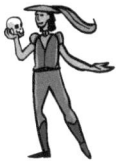

bu5 dr1v3r

el colectivero

74x1 dr1v3r

el taxista

f15h3rm4n

el pescador

cl34n1n6 l4dy

la mucama

r00f3r

el techista

w4173r

el mozo

hun73r

el cazador

p41n73r

el pintor

b4k3r

el panadero

3l3c7r1c14n

el electricista

bu1ld3r

el albañil

3n61n33r

el ingeniero

bu7ch3r

el carnicero

plumb3r

el plomero

p057m4n

el cartero

50ld13r

el soldado

4rch173c7

el arquitecto

c45h13r

el cajero

fl0r157

el florista

h41rdr3553r

el peluquero

c0nduc70r

el cobrador

m3ch4n1c

el mecánico

c4p741n

el capitán

d3n7157

el dentista

5c13n7157

el científico

r4bb1

el rabino

1m4m

el imán

m0nk

el monje

p4570r

el sacerdote

700l5

las herramientas

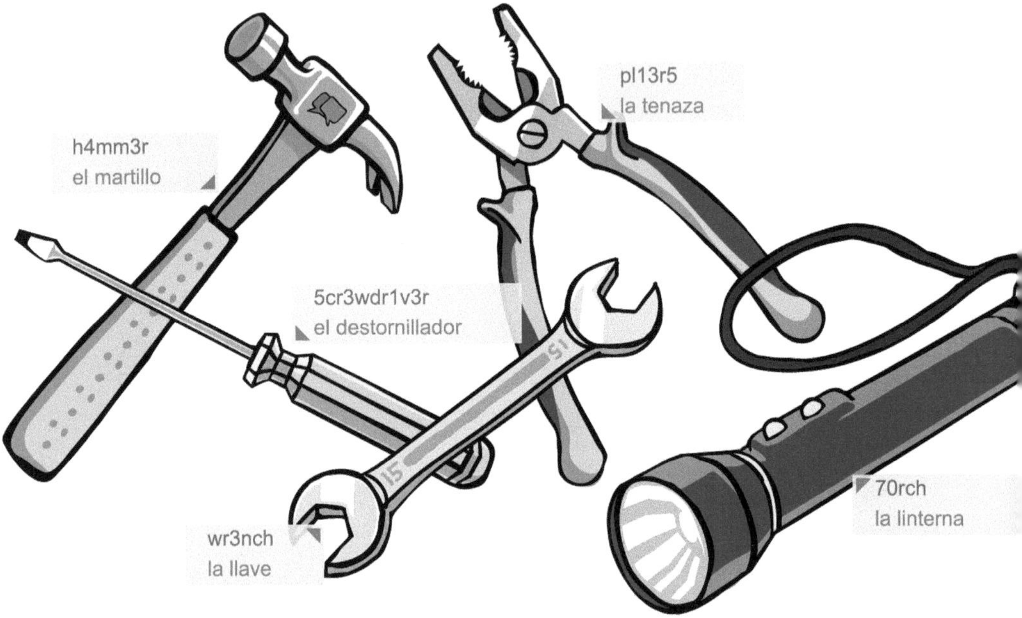
pl13r5
la tenaza
h4mm3r
el martillo
5cr3wdr1v3r
el destornillador
70rch
la linterna
wr3nch
la llave

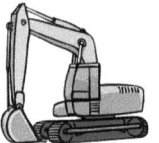

3xc4v470r

la excavadora

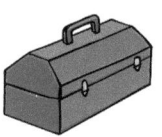

700lb0x

la caja de herramientas

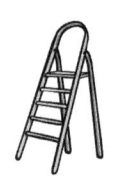

l4dd3r

la escalera portátil

54w

la sierra

n41l5

los clavos

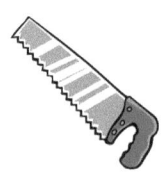

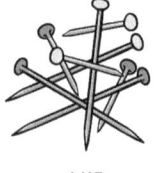

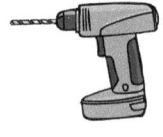

dr1ll

el taladro

r3p41r

arreglar

5h0v3l

la pala de jardín

d4mn!

¡Qué bronca!

du57p4n

la pala de plástico

p41n7 c4n

el tacho de pintura

5cr3w5

los tornillos

mu51c4l 1n57rum3n75

los instrumentos musicales

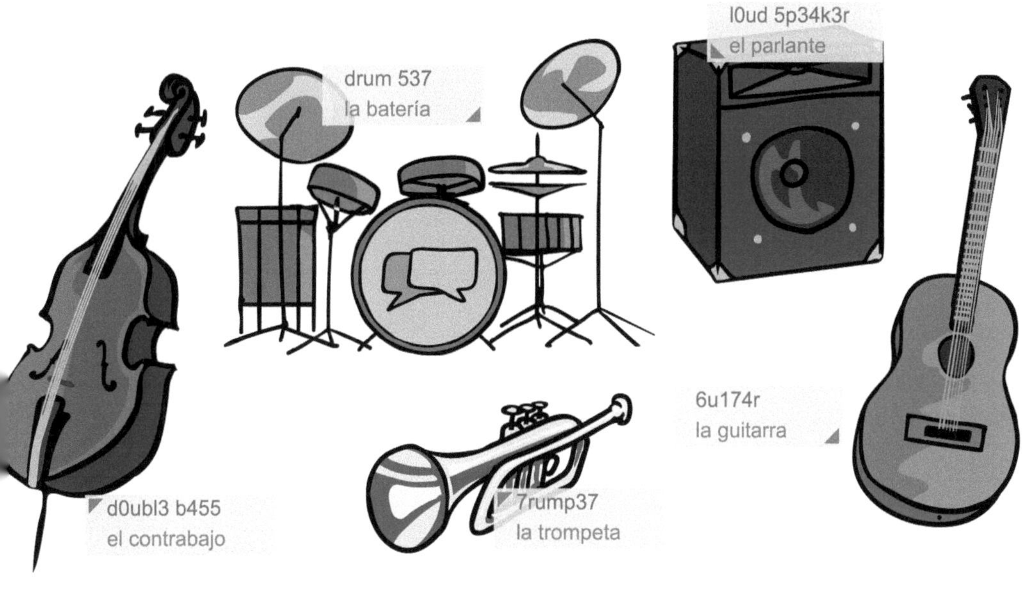

drum 537
la batería

l0ud 5p34k3r
el parlante

6u174r
la guitarra

d0ubl3 b455
el contrabajo

7rump37
la trompeta

p14n0

el piano

v10l1n

el violín

b455

el bajo

71mp4n1

los timbales

drum5

el tambor

k3yb04rd

el teclado

54x0ph0n3

el saxofón

flu73

la flauta

m1cr0ph0n3

el micrófono

z00

el zoológico

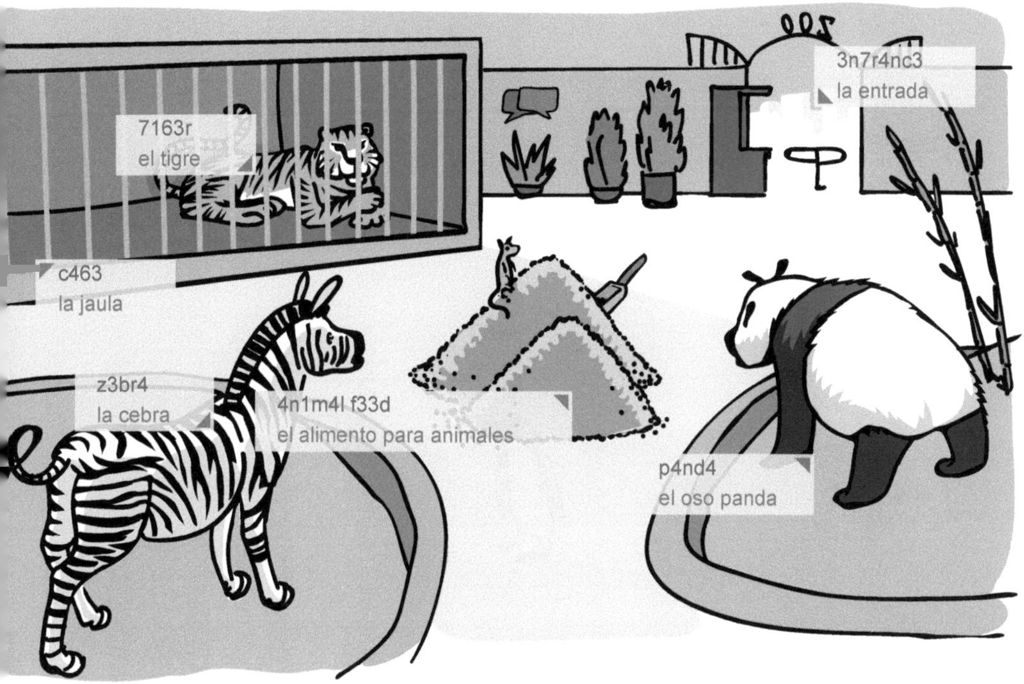

zoo
3n7r4nc3
la entrada
7163r
el tigre
c463
la jaula
z3br4
la cebra
4n1m4l f33d
el alimento para animales
p4nd4
el oso panda

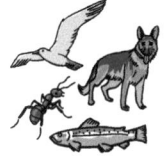

4n1m4l5

los animales

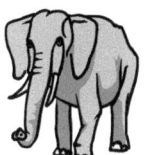

3l3ph4n7

el elefante

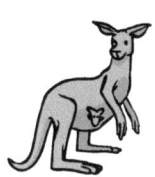

k4n64r00

el canguro

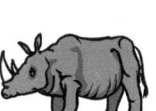

rh1n0

el rinoceronte

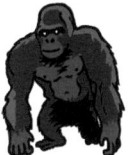

60r1ll4

el gorila

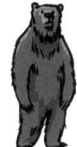

b34r

el oso

c4m3l
el camello

057r1ch
el avestruz

l10n
el león

m0nk3y
el mono

fl4m1n60
el flamenco

p4rr07
el loro

p0l4r b34r
el oso polar

p3n6u1n
el pingüino

5h4rk
el tiburón

p34c0ck
el pavo real

5n4k3
la serpiente

cr0c0d1l3
el cocodrilo

z00k33p3r
el cuidador del zoológico

534l
la foca

j46u4r
el jaguar

p0ny

el poni

l30p4rd

el leopardo

h1pp0

el hipopótamo

61r4ff3

la jirafa

346l3

el águila

b04r

el jabalí

f15h

el pescado

7ur7l3

la tortuga

w4lru5

la morsa

f0x

el zorro

64z3ll3

la gacela

4m3r1c4n f007b4ll
el fútbol americano

cycl1n6
el ciclismo

73nn15
el tenis

b45k37b4ll
el básquet

5w1mm1n6
la natación

b0x1n6
el boxeo

1c3 h0ck3y
el hockey sobre hielo

50cc3r
el fútbol

b4dm1n70n
el bádminton

47hl371c5
el atletismo

h4ndb4ll
el handball

5k11n6
el esquí

p0l0
el polo

4c71v17135
las actividades

jump
saltar
hu6
abrazar
l4u6h
reír
w4lk
caminar
51n6
cantar
dr34m
soñar
pr4y
rezar
k155
besar

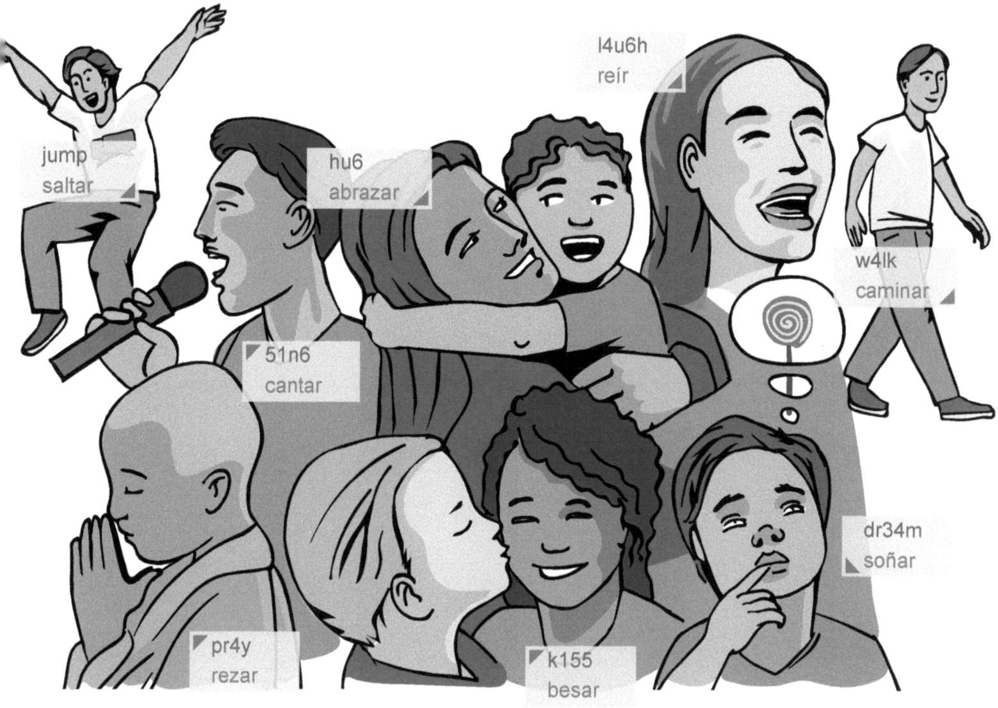

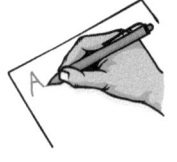

wr173

escribir

dr4w

dibujar

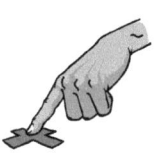

5h0w

mostrar

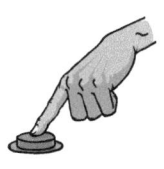

pu5h

presionar

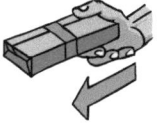

61v3

dar

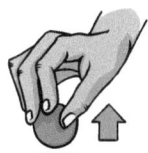

74k3

tomar

h4v3

tener

d0

hacer

b3

ser

574nd

estar parado

run

correr

pull

tirar

7hr0w

tirar

f4ll

caer

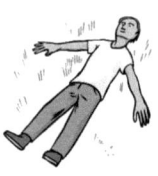

l13

estar acostado

w417

esperar

c4rry

llevar

517

estar sentado

637 dr3553d

vestirse

5l33p

dormir

w4k3 up

despertar

l00k 47

mirar

cry

llorar

57r0k3

acariciar

c0mb

peinar

74lk

hablar

und3r574nd

entender

45k

preguntar

l1573n

escuchar

dr1nk

beber

347

comer

71dy up

ordenar

l0v3

amar

c00k

cocinar

dr1v3

manejar

fly

volar

5411
....
navegar

c4lcul473
....
calcular

r34d
....
leer

l34rn
....
aprender

w0rk
....
trabajar

m4rry
....
casarse

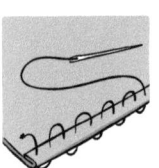

53w
....
coser

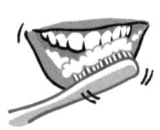

bru5h 7337h
....
cepillarse los dientes

k1ll
....
matar

5m0k3
....
fumar

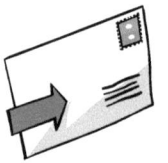

53nd
....
enviar

f4m1ly

la familia

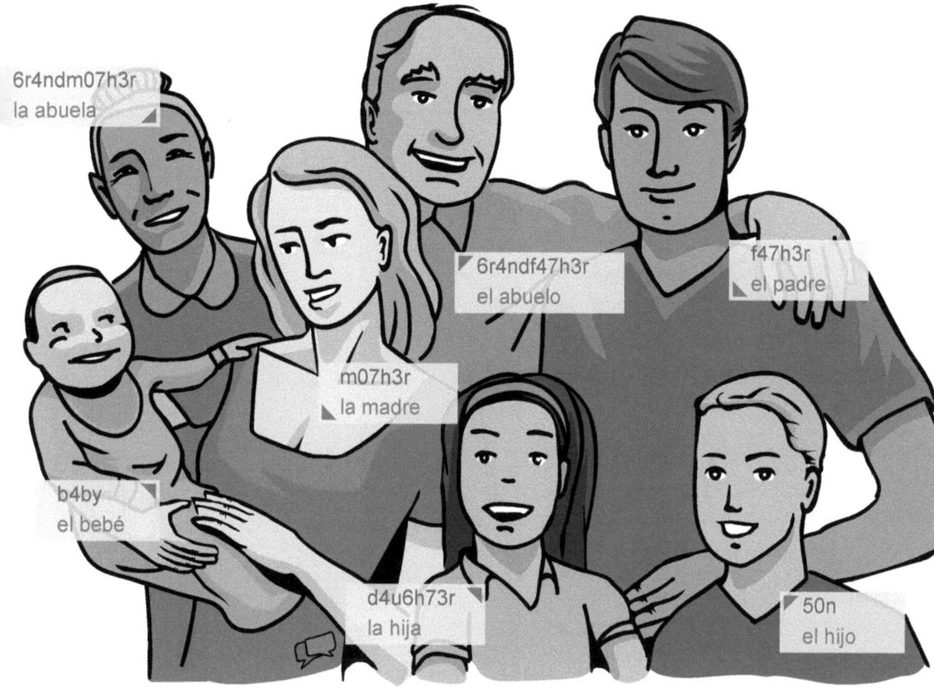

6r4ndm07h3r
la abuela
6r4ndf47h3r
el abuelo
f47h3r
el padre
m07h3r
la madre
b4by
el bebé
d4u6h73r
la hija
50n
el hijo

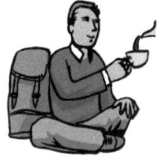

6u357

el invitado

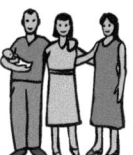

4un7

la tía

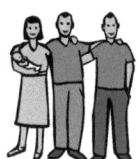

uncl3

el tío

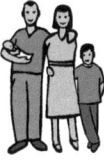

br07h3r

el hermano

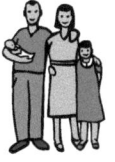

51573r

la hermana

b0dy

el cuerpo

f0r3h34d
la frente
3y3
el ojo
5h0uld3r
el hombro
f1n63r
el dedo
f4c3
la cara
ch1n
la pera
h4nd
la mano
l36
la pierna
br3457
el pecho
4rm
el brazo

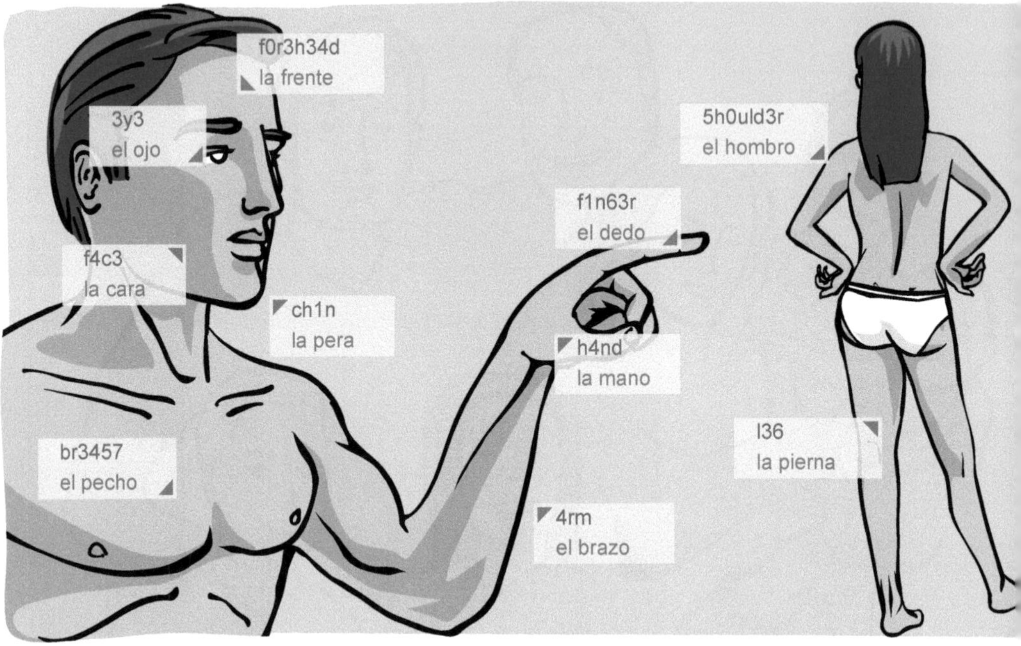

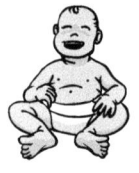

b4by

el bebé

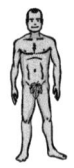

m4n

el hombre

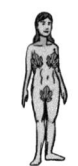

w0m4n

la mujer

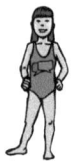

61rl

la nena

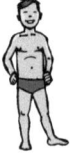

b0y

el nene

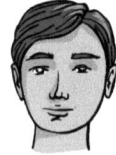

h34d

la cabeza

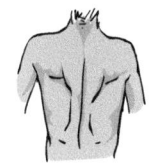

b4ck
....
la espalda

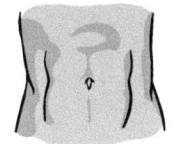

b3lly
....
la panza

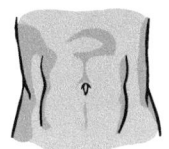

n4v3l
....
el ombligo

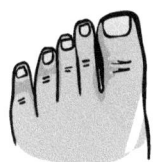

703
....
el dedo del pie

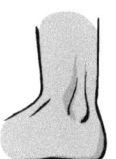

h33l
....
el talón

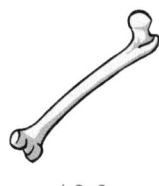

b0n3
....
el hueso

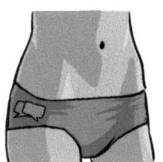

h1p
....
la cadera

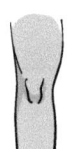

kn33
....
la rodilla

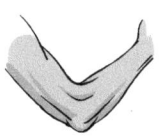

3lb0w
....
el codo

n053
....
la nariz

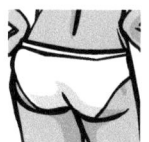

bu770ck5
....
la cola

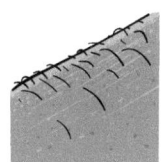

5k1n
....
la piel

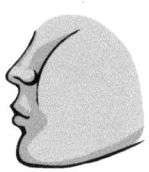

ch33k
....
el cachete

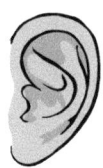

34r
....
la oreja

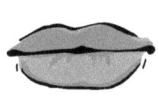

l1p
....
el labio

m0u7h

la boca

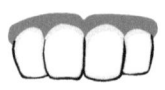

7007h

el diente

70n6u3

la lengua

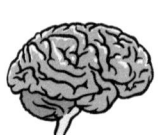

br41n

el cerebro

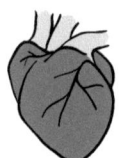

h34r7

el corazón

mu5cl3

el músculo

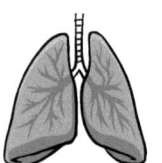

lun6

el pulmón

l1v3r

el hígado

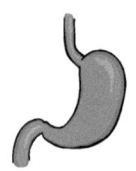

570m4ch

el estómago

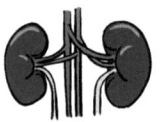

k1dn3y5

los riñones

53x

el sexo

c0nd0m

el preservativo

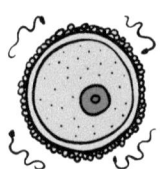

0vum

el óvulo

53m3n

el semen

pr36n4ncy

el embarazo

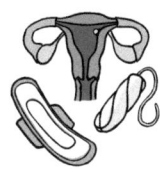

m3n57ru4710n

la menstruación

v461n4

la vagina

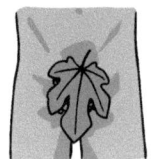

p3n15

el pene

3y3br0w

la ceja

h41r

el pelo

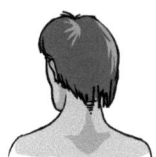

n3ck

el cuello

h05p174l

el hospital

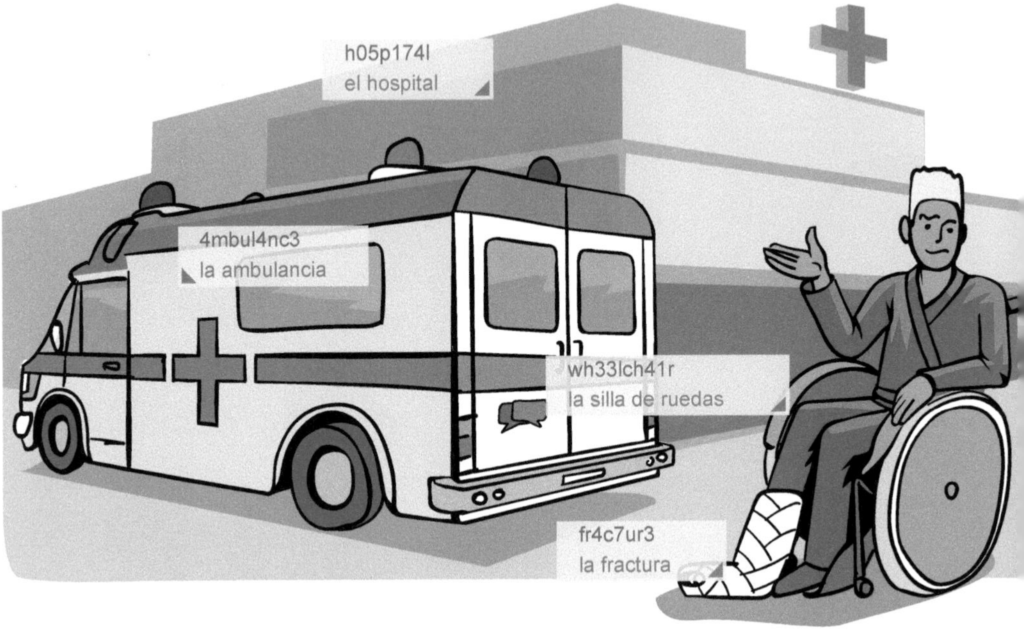

h05p174l
el hospital
4mbul4nc3
la ambulancia
wh33lch41r
la silla de ruedas
fr4c7ur3
la fractura

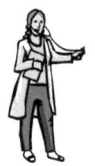

d0c70r

el médico

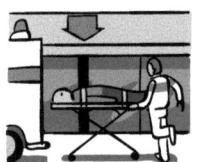

3m3r63ncy r00m

la sala de guardia

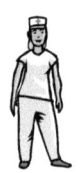

nur53

la enfermera

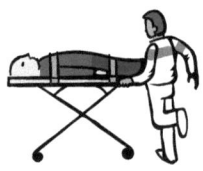

3m3r63ncy

la emergencia

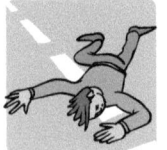

unc0n5c10u5

inconsciente

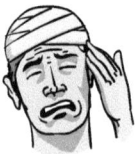

p41n

el dolor

1njury

la lesión

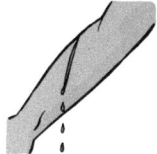

bl33d1n6

la hemorragia

h34r7 4774ck

el infarto

57r0k3

el ACV

4ll3r6y

la alergia

c0u6h

la tos

f3v3r

la fiebre

flu

la gripe

d14rrh34

la diarrea

h34d4ch3

el dolor de cabeza

c4nc3r

el cáncer

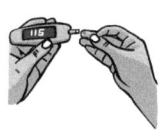

d14b3735

la diabetes

5ur630n

el cirujano

5c4lp3l

el bisturí

0p3r4710n

la operación

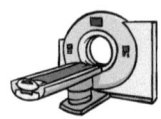

c7

la TC

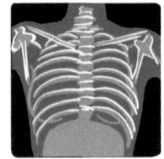

x-r4y

los rayos x

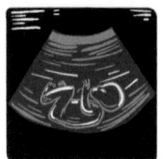

ul7r450und

la ecografía

f4c3 m45k

el barbijo

d153453

la enfermedad

w4171n6 r00m

la sala de espera

cru7ch

la muleta

pl4573r

la curita

b4nd463

la venda

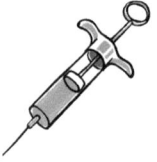

1nj3c710n

la inyección

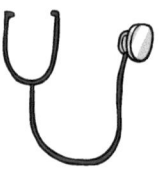

5737h05c0p3

el estetoscopio

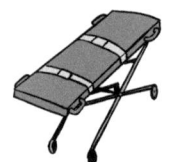

57r37ch3r

la camilla

cl1n1c4l 7h3rm0m373r

el termómetro

b1r7h

el nacimiento

0v3rw316h7

el sobrepeso

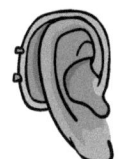

h34r1n6 41d
....
el audífono

d151nf3c74n7
....
el desinfectante

1nf3c710n
....
la infección

v1ru5
....
el virus

h1v / 41d5
....
el VIH / SIDA

m3d1c1n3
....
el remedio

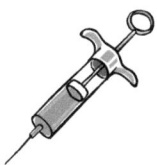

v4cc1n4710n
....
la vacunación

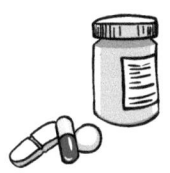

74bl375
....
los comprimidos

p1ll
....
la pastilla anticonceptiva

3m3r63ncy c4ll
....
a llamada de emergencia

bl00d pr355ur3 m0n170r
....
el tensiómetro

1ll / h34l7hy
....
enfermo / sano

h3lp!

¡Ayuda!

4l4rm

la alarma

4554ul7

la agresión

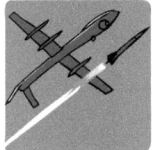

4774ck

el ataque

d4n63r

el peligro

3m3r63ncy 3x17

la salida de emergencia

f1r3!

¡Fuego!

f1r3 3x71n6u15h3r

el matafuego

4cc1d3n7

el accidente

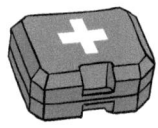

f1r57-41d k17

el botiquín de primeros
auxilios

505

el SOS

p0l1c3

la policía

3ur0p3

Europa

n0r7h 4m3r1c4

América del Norte

50u7h 4m3r1c4

América del Sur

4fr1c4

África

4514

Asia

4u57r4l14

Australia

47l4n71c

el Atlántico

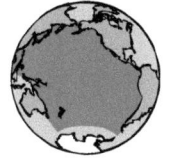

p4c1f1c

el Pacífico

1nd14n 0c34n

el Océano Índico

4n74rc71c 0c34n

el Océano Antártico

4rc71c 0c34n

el Océano Ártico

n0r7h p0l3

el polo norte

50u7h p0l3

el polo sur

4n74rc71c4

la Antártida

34r7h

la Tierra

l4nd

la tierra

534

el mar

15l4nd

la isla

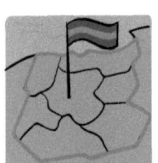

n4710n

la nación

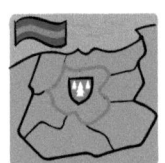

57473

el estado

cl0ck f4c3

la esfera

h0ur h4nd

la manecilla de las horas

m1nu73 h4nd

el minutero

53c0nd h4nd

el segundero

wh47 71m3 15 17?

¿Qué hora es?

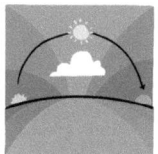

d4y

el día

71m3

la hora

n0w

ahora

d16174l w47ch

el reloj digital

m1nu73

el minuto

h0ur

la hora

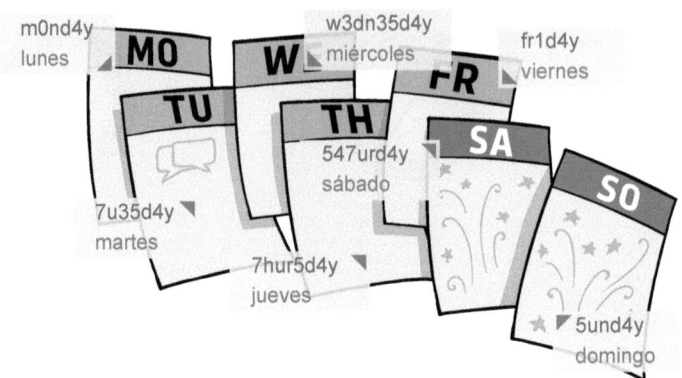

m0nd4y
lunes

w3dn35d4y
miércoles

fr1d4y
viernes

7u35d4y
martes

547urd4y
sábado

7hur5d4y
jueves

5und4y
domingo

y3573rd4y

ayer

70d4y

hoy

70m0rr0w

mañana

m0rn1n6

la mañana

n00n

el mediodía

3v3n1n6

la tarde

MO	TU	WE	TH	FR	SA	SU
1	2	3	4	5	6	7
8	9	10	11	12	13	14
15	16	17	18	19	20	21
22	23	24	25	26	27	28
29	30	31	1	2	3	4

w0rkd4y5

los días hábiles

MO	TU	WE	TH	FR	SA	SU
1	2	3	4	5	6	7
8	9	10	11	12	13	14
15	16	17	18	19	20	21
22	23	24	25	26	27	28
29	30	31	1	2	3	4

w33k3nd

el fin de semana

y34r

el año

r41n
la lluvia
r41nb0w
el arco iris
5n0w
la nieve
w1nd
el viento
5pr1n6
la primavera
f4ll
el otoño
5umm3r
el verano
w1n73r
el invierno

4.APRIL 11°
5.APRIL 4°
6.APRIL 13°
7.APRIL 8°
8.APRIL 10°

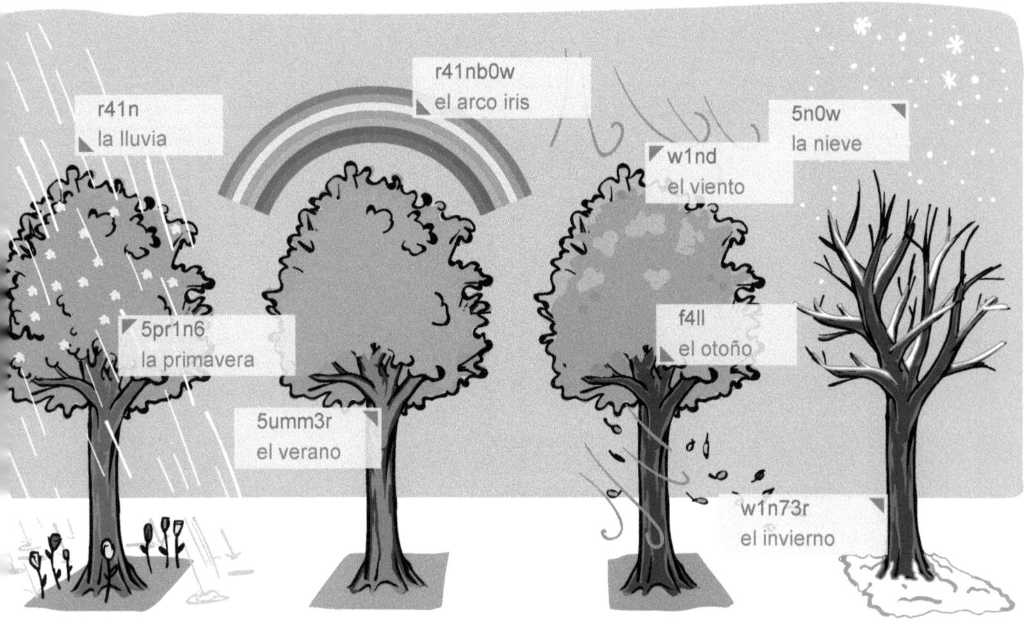

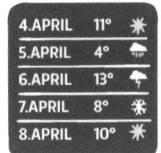

w347h3r f0r3c457

pronóstico meteorológico

F C
120 40
90 30
60 20
30 10
0 0
-30 -10
-20

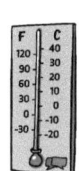

7h3rm0m373r

el termómetro

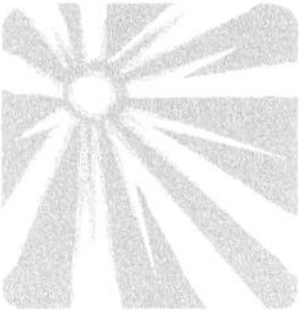

5un5h1n3

la luz del sol

cl0ud

la nube

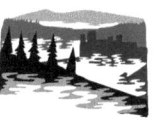

f06

la niebla

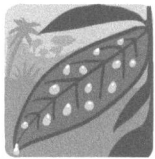

hum1d17y

la humedad

l16h7n1n6
....
el rayo

7hund3r
....
el trueno

570rm
....
la tormenta

h41l
....
el granizo

m0n500n
....
el monzón

fl00d
....
la inundación

1c3
....
el hielo

j4nu4ry
....
enero

f3bru4ry
....
febrero

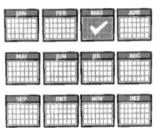

m4rch
....
marzo

4pr1l
....
abril

m4y
....
mayo

jun3
....
junio

july
....
julio

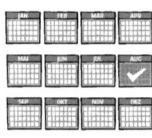

4u6u57
....
agosto

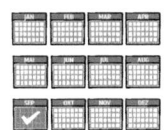

53p73mb3r

septiembre

0c70b3r

octubre

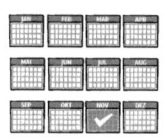

n0v3mb3r

noviembre

d3c3mb3r

diciembre

5h4p35

las formas

c1rcl3

el círculo

5qu4r3

el cuadrado

r3c74n6l3

el rectángulo

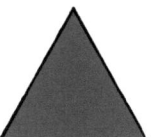

7r14n6l3

el triángulo

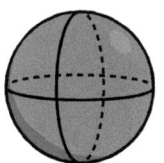

5ph3r3

la esfera

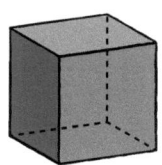

cub3

el cubo

colores

wh173
....
blanco

y3ll0w
....
amarillo

0r4n63
....
naranja

p1nk
....
rosa

r3d
....
rojo

purpl3
....
violeta

blu3
....
azul

6r33n
....
verde

br0wn
....
marrón

6r4y
....
gris

bl4ck
....
negro

4 l07 / 4 l177l3

mucho / poco

4n6ry / c4lm

enojado / tranquilo

b34u71ful / u6ly

lindo / feo

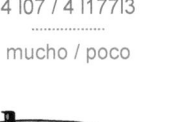

b361nn1n6 / 3nd

el principio / el fin

b16 / 5m4ll

grande / chico

br16h7 / d4rk

claro / oscuro

br07h3r / 51573r

el hermano / la hermana

cl34n / d1r7y

limpio / sucio

c0mpl373 / 1nc0mpl373

completo / incompleto

d4y / n16h7

el día / la noche

d34d / 4l1v3

muerto / vivo

w1d3 / n4rr0w

ancho / angosto

3d1bl3 / 1n3d1bl3

comestible / no comestible

3v1l / k1nd

malo / amable

3xc173d / b0r3d

entusiasmado / aburrido

f47 / 7h1n

gordo / flaco

f1r57 / l457

primero / último

fr13nd / 3n3my

el amigo / el enemigo

full / 3mp7y

lleno / vacío

h4rd / 50f7

duro / blando

h34vy / l16h7

pesado / liviano

hun63r / 7h1r57

el hambre / la sed

1ll / h34l7hy

enfermo / sano

1ll364l / l364l

ilegal / legal

1n73ll163n7 / 57up1d

inteligente / estúpido

l3f7 / r16h7

izquierda / derecha

n34r / f4r

cerca / lejos

n3w / u53d

nuevo / usado

n07h1n6 / 50m37h1n6

nada / algo

0ld / y0un6

viejo / joven

0n / 0ff

encendido / apagado

0p3n / cl053d

abierto / cerrado

qu137 / l0ud

silencioso / ruidoso

r1ch / p00r

rico / pobre

r16h7 / wr0n6

correcto / incorrecto

r0u6h / 5m007h

áspero / suave

54d / h4ppy

triste / contento

5h0r7 / l0n6

corto / largo

5l0w / f457

lento / rápido

w37 / dry

mojado / seco

w4rm / c00l

caliente / frío

w4r / p34c3

guerra / paz

0

z3r0

cero

1

0n3

uno

2

7w0

dos

3

7hr33

tres

4

f0ur

cuatro

5

f1v3

cinco

6

51x

seis

7

53v3n

siete

8

316h7

ocho

9

n1n3

nueve

10

73n

diez

11

3l3v3n

once

12
7w3lv3
doce

13
7h1r733n
trece

14
f0ur733n
catorce

15
f1f733n
quince

16
51x733n
dieciséis

17
53v3n733n
diecisiete

18
316h733n
dieciocho

19
n1n3733n
diecinueve

20
7w3n7y
veinte

100
hundr3d
cien

1.000
7h0u54nd
mil

1.000.000
m1ll10n
el millón

los idiomas

3n6l15h
....
el inglés

4m3r1c4n 3n6l15h
....
el inglés americano

ch1n353 m4nd4r1n
....
el chino mandarín

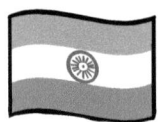

h1nd1
....
el hindi

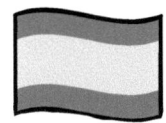

5p4n15h
....
el español

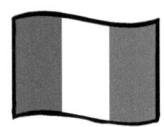

fr3nch
....
el francés

4r4b1c
....
el árabe

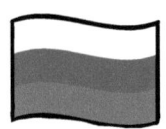

ru5514n
....
el ruso

p0r7u6u353
....
el portugués

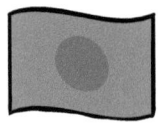

b3n64l1
....
el bengalí

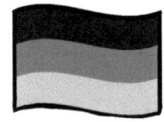

63rm4n
....
el alemán

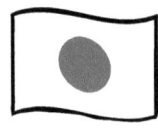

j4p4n353
....
el japonés

1

yo

y0u

vos

h3 / 5h3 / 17

él / ella

w3

nosotros

y0u

ustedes

7h3y

ellos

wh0?

¿quién?

wh47?

¿qué?

h0w?

¿cómo?

wh3r3?

¿dónde?

wh3n?

¿cuándo?

n4m3

el nombre

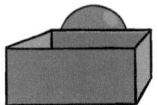

b3h1nd

detrás

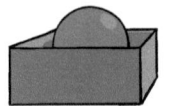

1n

en

1n fr0n7 0f

adelante de

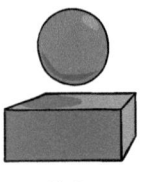

0v3r

por encima de

0n

sobre

und3r

debajo de

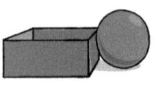

b351d3

al lado de

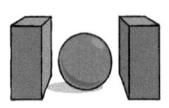

b37w33n

entre

pl4c3

el lugar